U0852297

金融街10号丛书
The Series of No.10 Financial Street

金融街10号丛书
The Series of No.10 Financial Street

债券市场发展研究

中央国债登记结算有限责任公司◎主编

全国百佳图书出版单位
时代出版传媒股份有限公司
安徽人民出版社

图书在版编目(CIP)数据

债券市场发展研究/中央国债登记结算有限责任公司　主编.—合肥:安徽人民出版社,2017.9

ISBN 978-7-212-09871-1

Ⅰ.①债…　Ⅱ.①中…　Ⅲ.①债券市场—研究—中国　Ⅳ.①F832.51

中国版本图书馆 CIP 数据核字(2017)第 225260 号

债券市场发展研究

ZHAIQUAN SHICHANG FAZHAN YANJIU

中央国债登记结算有限责任公司　主编

出 版 人:徐　敏　　**丛书策划**:徐　敏　曾昭勇　白　明

责任编辑:李　芳　　**责任印制**:董　亮

封面设计:许润泽

出版发行:时代出版传媒股份有限公司 http://www.press-mart.com

安徽人民出版社 http://www.ahpeople.com

地　　址:合肥市政务文化新区翡翠路 1118 号出版传媒广场八楼　**邮编**:230071

电　　话:0551-63533258　0551-63533292(传真)

制　　版:合肥市中旭制版有限责任公司

印　　刷:安徽省人民印刷有限公司

开本:710mm×1010mm　1/16　**印张**:14.5　**字数**:220 千

版次:2017 年 11 月第 1 版　2017 年 11 月第 1 次印刷

ISBN 978-7-212-09871-1　**定价**:36.00 元

债券市场支持小微企业融资研究

张绚　马致远　陈枫　李舒宁　白洁

摘　要:作为中国经济最活跃也是最脆弱的群体,小微企业承载了中国经济发展的动力所在。长期以来,中小企业因融资难、融资贵、融资结构不合理,生存和发展面临着困境。在经济告别高速增长、进入深度结构调整的时期,小微企业面临的经营困难很难在短时间内扭转。但利率市场化的推进,意味着小微企业债券融资在社会融资总量中的比重在大概率上将进一步提升。可能的结果不仅有债券市场的发展促进金融机构更加重视小微企业客户群的拓展和维护,更有可能通过增加债券市场的深度吸引不同类型的投资者,直接推动小微企业的直接融资。

本文首先明确了我国小微企业的界定标准,在此基础上分析了我国小微企业的融资方式选择及债券市场融资的优势。其次结合美国中小企业债券、垃圾债和韩国 P-CBO 模式的经验,总结分析了债券市场融资模式的国际实践。再次,通过翔实的数据对我国近年来债券市场支持小微企业融资的情况进行了分析,研究小微企业债券的发展和未来趋势。最后,结合我国宏观经济现状及国际成熟经验,对完善我国债券市场的小微企业融资机制提出了政策建议。

关键词:小微企业　债券市场　融资机制

一、小微企业的界定

2011年,工业和信息化部、国家统计局、国家发展和改革委员会、财政部联合印发了《关于印发中小企业划型标准规定的通知》,首次将微型企业纳入企业分类标准。根据该标准,农、林、牧、渔业营业收入50万元以下的为微型企业;工业从业人员20人以下或营业收入300万元以下的为微型企业;软件和信息技术服务业从业人员10人以下或营业收入50万元以下的为微型企业;房地产业营业收入100万元以下或资产总额2000万元以下的为微型企业。当前小微企业数量已经占到我国企业总数的99%以上,其分布广泛且几乎涵盖了国民经济的所有行业。

按照《微型企业自力更生法(The Microenterprise for Self-Reliance Act)》(2000)及《微型企业援助法(Microenterprise Enhancement Act)》(2003)规定,美国将当地人拥有、雇用员工不超过10人,或由贫困人口经营或拥有的公司定义为微型企业。日本把产业特征纳入考虑之中,将制造业中20人以下、商业服务业中5人以下的企业定义为微型企业。欧盟将持续经营若干年,满足"雇员人数在9人及以下、总资产在200万欧元以下或年销售额在200万欧元以下"的企业定义为微型企业,满足"雇员人数在10人(包含10人)以上49人以下、总资产在200万欧元以上1000万欧元以下或年销售额在200万欧元以上1000万欧元以下"的企业定义为小型企业。世界银行将满足"雇员人数在10人及以下、总资产在100万美元以下且年销售额在100万美元以下"的企业定义为微型企业,将满足“雇员人数在11人至50人、总资产在100万至300万美元且年销售额在100万至300万美元”的企业定义为小型企业。由于各国或各地区的经济发展水平不同、历史文化差异及政府政策导向不同等多重因素，对小微企业界定也没有统一的标准。

二、小微企业融资方式

（一）小微企业的融资渠道选择

根据资金来源的不同，小微企业融资一般有两种方式：内部融资和外部融资。内部融资主要包括自筹资金和留存收益等，而外部融资主要指直接融资、间接融资和政府扶持资金等。

我国小微企业获得资金来源过于单一，主要依靠金融机构贷款。到目前为止，国内中小企业的资金来源于各类贷款，占到70%左右；其次是权益性投资，占到32%；其他来源都很少。尤其是债券的比例非常低，在工人数量小于50的公司的资金来源中，债务融资占比仅为0.2%，工人数在201~500人的企业债券融资也只占1.39%。其中，地域差异明显。中部和西部地区的中小企业对各类贷款的依赖性强，中部地区的融资租赁比例是东部的三倍以上。中小企业的规模愈大，获得贷款能力越强，营业额在3000万元以上的企业有76.73%的资金来源是各类贷款，企业人数在500人左右的企业中，71.50%的资金是各类贷款。有信用评级的企业更容易获得贷款，而对于吸引国内权益性投资而言，这两类企业区别不大。

我国中小企业权益性的融资渠道最主要的是自有资金的积累，全国平均在72.73%，在西部地区最高，达到了86.36%。国内股东投资倾向于中部地区，外商直接投资则主要集中在东部地区。调查数据把中小企业按营业额大小分类,发现中小企业的营业额越大,越容易吸引国内股东投资和外商直接投资;风险投资则更注重投资与营业额小于1000万元的中小企业。

(二)小微企业债券市场融资的优越性

债券市场是发达国家企业直接融资的重要渠道,在我国尚属发展的初级阶段。我国债券市场发展迅速,应为小微企业提供合适的融资平台,发展到一定程度时,以小微企业债为标的的投资也会带动债券市场的扩容和发展。

在当前国内外经济形势异常复杂,不稳定、不确定性因素较多,经济下行压力较大的情况下,债券市场支持小微企业发展,有利于保持经济平稳较快发展、推动经济结构调整、增强经济发展的内在活力,从而丰富债券市场、推动债券市场的扩容和发展。

三、债券市场支持小微企业融资的国际经验

(一)美国债券市场支持小微企业融资经验

在美国,中小金融机构贷款是中小企业外部融资最主要来源,发行高收益债券是其最重要的直接融资方式。高收益债券也称垃圾债券,主要是指标普信用评级在BB级以下的债券。中小企业债券由于评级较低,也属于高收益债券。上个世纪70年代,由于新技术的应用和中小企业的蓬勃发展,加上金融管制的放松,美国高收益债券市场逐渐成型。

1999年到2011年,垃圾债券的发行规模占公司债券发行规模的比例平均为13.5%,受2008年金融危机的影响,垃圾债券的发行额从2007年的1488亿美元下降到659亿美元。2009和2010年,垃圾债券市场再度

反弹,但2011年由于欧债危机的影响,其发行量相对于2010年又下滑了近440亿美元。2011年美国垃圾债券发行量达到2226亿美元,截至2011年末,美国垃圾债券存量达1.3万亿美元。

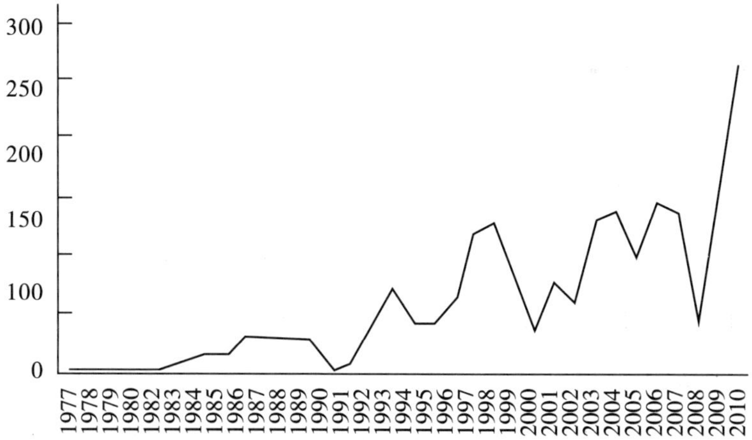

图1　美国垃圾债券历年发行金额(单位:10亿美元)

根据美国《证券法》,企业发行高收益债券既可以选择公开发行,也可选择私募发行,前者需要登记注册,后者则无需登记注册。1990年,美国SEC颁布了144A规则,放宽了非公开发行债券的转售限制,从而促进了融资的便利。如果债券的目标投资者是合格机构投资者(Qualified Institutional Buyers, QIBs),则发行人根据144A规则可以快速融资,而不必向SEC进行登记注册。144A规则的便利性使其逐步成为高收益债券发行的最主要方式。1992年,根据144A规则发行的高收益债券不论从发行只数还是发行金额看,占比仅为十分之一左右,但到1996年就超过了公开注册发行的高收益债券。2003年,根据144A规则发行的高收益债券在新发行的高收益债券中占比达到近85%。

发行人需要提供与债券发行有关的一切信息,且须对其对提供的信息的真实性、准确性承担法律责任。如发现在注册报告书中含有对重大事实的不实陈述，持有该证券的任何人都有权对相关责任人提出司法诉讼，包括债券发行人、保荐人、承销商和相关评级机构。总结来说，美国垃圾债券市场的发展经验可以总结为：债券发行结构、品种丰富多样；机构投资者为主要参与者；完善的投资者利益保护机制和信用风险的管理和防范。

（二）韩国债券市场支持小微企业融资经验

韩国的中小企业在发展过程中也面临融资难的问题，尤其是在1998年亚洲金融危机后。与美国和日本不同，韩国并不拥有发达的高收益债券市场，因而，低信用等级的单个中小企业因增信成本高昂而难以通过债券以较低的成本获得资金。在韩国政府就出台了《资产证券化法》后，成功推出了韩国P-CBO融资模式发展韩国的中小企业债券，为韩国的中小企业发展提供资金支持。

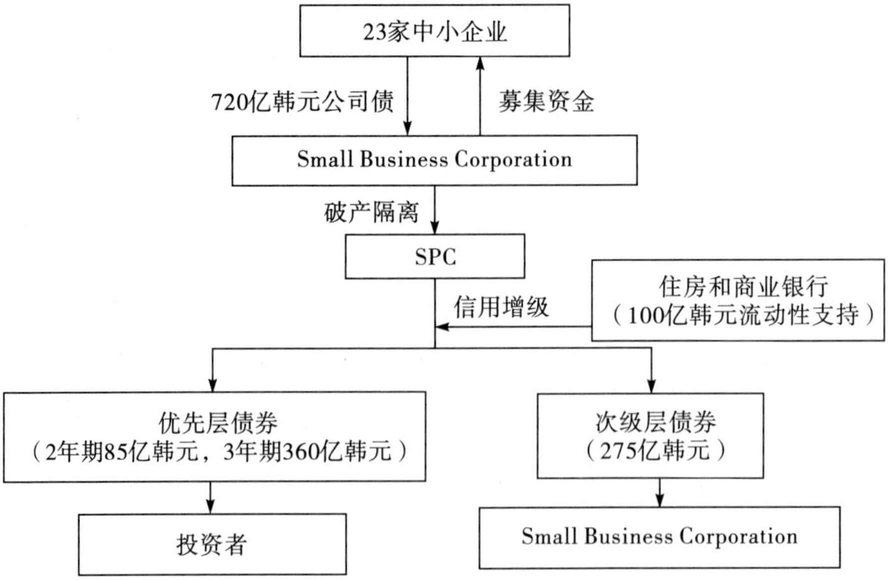

P-CBO 的交易结构如图所示,众多中小企业分别向初始信用提供者(一般是 Small Business Corporation, SBC)发行债券,然后初始信用提供者再向 SPC(Special Purpose Company)进行发行转移以获得资金,接下来 SPC 结合 AMC(Asset Management Corporation)在由 KCGF、KOTEC 提供信用担保以及银行提供信用增级的情况下进行集合债券发行,优先级卖给机构投资者,而次级 ABS(Asset Based Security)则由 SPC 自身承担。根据发行安排,中小企业的偿债资金首先用于偿还优先级债券,当优先级债券部分的本金完全清偿后,才开始用于偿付次级水平债券。如此安排使得债券组合的违约损失首先由初始信用提供者承担,只有当违约损失超过次级水平债券额度时,优先级债券的投资者才开始承担超出的损失,因此,通过债券分层设计,优先级债券投资承担的违约风险大大降低。因此,从本质上看,P-CBO 主要是通过对优先级和次级投资者支付本息的次序实现内部信用增级,优先级债券投资者在信用增进意义上受益于次级投资者。

和韩国类似,我国也没有发达的垃圾债券市场,而且也具备资产证券化的制度和法规,利用 P-CBO 模式为中小企业进行融资在我国具有可行性。

四、我国债券市场支持小微企业融资的现状

(一)债券市场支持小微企业融资的形式

作为融资主体,小企业的融资方式主要分为两部分,一是间接融资,二是直接融资。

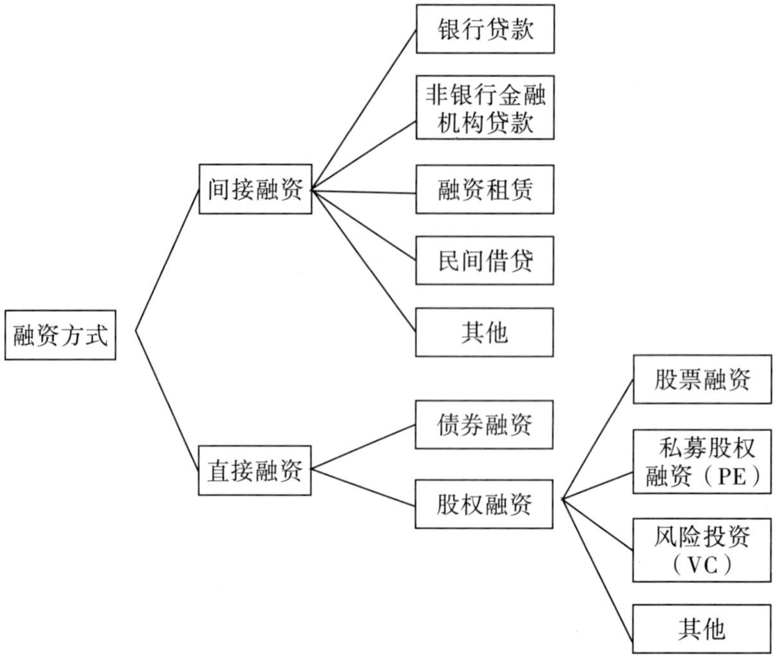

1.直接形式的债务融资工具

直接融资是指货币资金实际所有者和货币资金需求者之间直接发生的信用关系。包括以下几个方面：

一是债券融资，指企业通过发行债券的形式进行融资。债权融资的特点是：期限性、有偿性和约束性。目前，比较适合中小企业发行的债券种类主要包括企业债（私募）、中小企业集合债、中小企业集合票据。中小企业集合债是为了在企业集合债市场占有一席之地，一些中小微企业抱团发债。中小企业集合票据是在全国银行间债券市场上推出的一种新的债务融资工具，由人民银行等多家机构在债券市场发行、按约定还本付息的债券融资工具。中小企业集合票据由2个（含）以上、10个（含）以下具有法人资格的中小非金融企业，在银行间债券市场以“统一产品设计、统一券种冠名、统一信用增进、统一发行注册”方式共同发行的，并约定在一定期限还本付息的债务融资工具。其优点有:(1)降低了融资门槛。(2)降低融资成本。(3)中小企业能在银行间债券市场融资,可极大地提升企业知名度,树立良好的信用形象。

二是股权融资。股权融资特点是长期性、不可逆性和无负担性。出资人一经购买了企业股权,便可以以股东的身份参与公司经营与盈利分配,对企业的重大决策施加影响。

三是私募股权融资和风险投资。私募股权融资(Private Equity)一般使用简称PE,它主要指的是对非上市企业和私有企业进行的权益投资。私募股权融资对于一些较有实力的小企业而言具有特殊意义。风险投资(Venture Capital,简称是VC),在我国是一个约定俗成的具有特定内涵的概念,实则是由PE派生出来的,它主要是投资于创业初期的企业,这些企业的不确定性很大,所以面临较大的风险。

2.间接形式的债务融资工具

间接融资是指货币资金需求者并不直接从货币实际所有者获得资金,二者之间的资金融通通过各种金融机构中介来进行。主要包括以下几个方面:

一是银行贷款,是小企业最为普遍使用的间接融资方式。相对于其他间接融资方式,因银行机构较多,而且聚集了大量的资金,利率相对较低,是小企业首选的间接融资方式。

二是融资租赁,融资租赁将融资与融物结合在一起,非常适合小企业融资,尤其是那些拥有大量订单,但没有资金购买专用设备的小企业。并且,融资租赁是一种表外融资,它不会影响企业的风险水平和信用状况,但融资租赁要求条件也相对苛刻。

三是民间借贷。民间借贷在一定程度上解决了部分社会融资需求，增强了经济运行的自我调整和适应能力，有利于形成多层次信贷市场，是满足各类市场主体融资需求的一个补充渠道，特别是缓解了一些小企业和“三农”的资金困难。在信贷配给制下，民间借贷已经成为小企业融资的重要来源。

四是政策性金融，这里主要介绍小微企业扶持债券。

小微企业扶持债券作为一种创新类债券，通过当地政府融资平台作为主体发行企业债券，较之前的中小企业集合债由融资平台或担保公司提供担保的增信效果更佳，并且可以将协调各用款中小企业的程序放在债券审批手续之后，这样可以节约大量的时间，避免在审批环节耗时过长甚至集合失败。小微企业扶持债券有两种模式可供选择。一种模式由地方融资平台发行债券，募资以委托贷款形式通过银行发放给当地中小企业；另一种模式由地方融资平台提供担保，联合起来，统一冠名，分别负债，统一担保，集合发行。

（二）债券市场支持小微企业融资的发展趋势分析

债券市场作为直接融资的主要途径之一，对小微企业的支持尤为重要。结合历史数据，本文将针对中小企业集合债、中小企业集合票据和中小企业私募债这三种类型的债券进行分析。

1.中小企业集合债

中小企业集合债券从 2010 年 8 月发行第一只债券，至今共计发行 9 只债券，发行总量 31.82 亿元。发行量在 2011 年达到顶峰，随后下降，可见此种债券中小企业采用较少（见图 2）。造成这一现象的主要原因与此类债券发行准入资格要求过于严格有关。

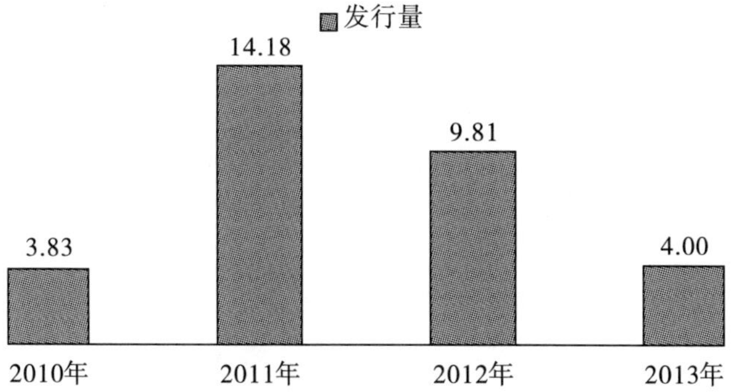

图 2　中小企业集合债(数据截至 2013 年 8 月 13 日)

2.中小企业集合票据

中小企业集合票据是目前市场上主要支持中小企业债券融资的种类之一,其发行规模与发行量呈现快速上升趋势,截至 2013 年 8 月 13 日,通过中小企业集合票据发行的债券总量已达到 254.72 亿元。这说明中小企业对于直接融资需求旺盛,但途径相比国外较少,通过中小企业捆绑,再加上信用担保公司进行增信,使这类债券更容易被市场投资者接受,也鼓舞了广大中小企业发行人采取此种方式发行债券从而融资。

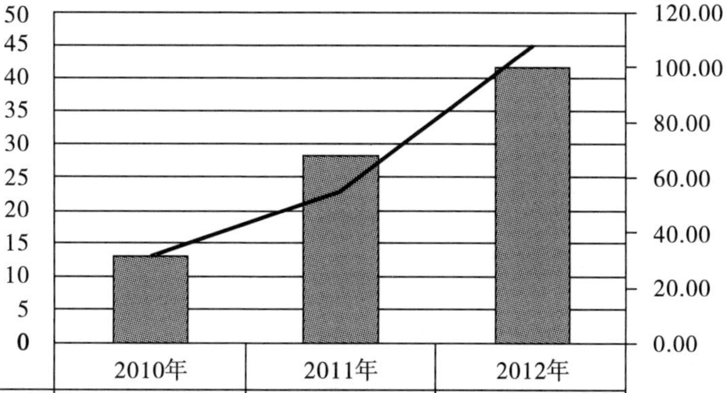

	2010年	2011年	2012年
发行量（亿元）	31.12	67.68	100.02
发行期次	12	23	45

图 3　中小企业集合票据

从单只发行规模上看，发行量为3亿元以下的债券占据75%的比例，可见小型企业对于集合票据的发行需求更加旺盛。

从发行期限上看，绝大多数发行人选择发行年限更长的3年期。

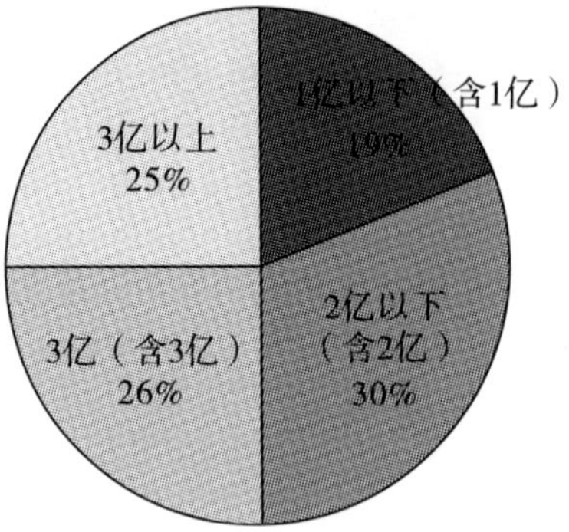

图4　中小企业集合票据单只发行规模（数据截至2013年8月13日）

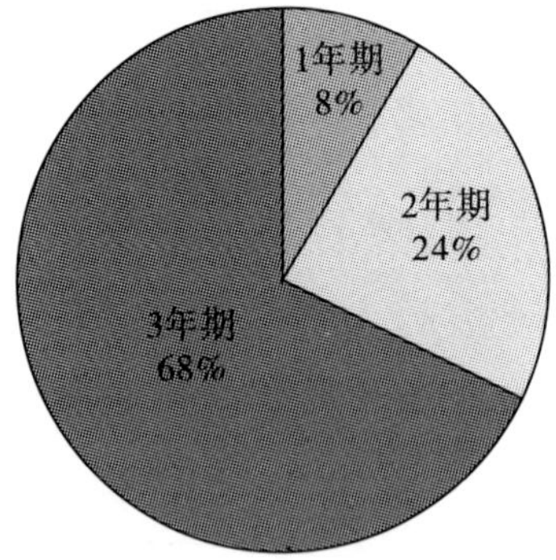

图5　（数据截至2013年8月13日）

3.中小企业私募债

中小企业私募债是我国中小微企业在境内市场以非公开方式发行的，发行利率不超过同期银行贷款基准利率的3倍，期限在1年（含）以上，对发行人没有净资产和盈利能力的门槛要求，完全市场化的公司债券，也被称作是中国版的垃圾债。中小企业私募债于2012年6月8日第一次发行，短短的一年多的时间，发行总规模已达到309.74亿元、发行期次达到258次。一年的时间已经超过了另外两种集合债务。这种方式的优点是可以降低融资成本、资金用途较灵活、同时审批程序也比较便捷，并无行政准入门槛要求。但目前这种方式也在试验中，目前仅到期兑付4只债券，仍无法判断其风险高低。

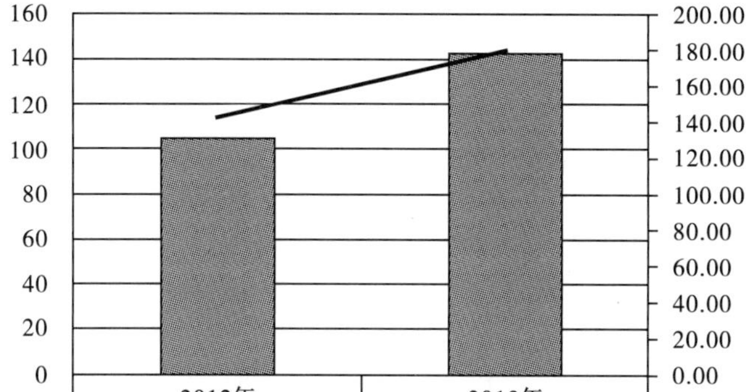

	2012年	2013年
发行量（亿元）	131.31	178.43
发行期次	114	144

图6　中小企业私募债(数据截至2013年8月13日)

从发行规模上看，采用此种发行方式的较小企业占据更大的比例，发行量低于1亿元的占56%的比例。此种方式也给小企业提供了很好的融资途径。

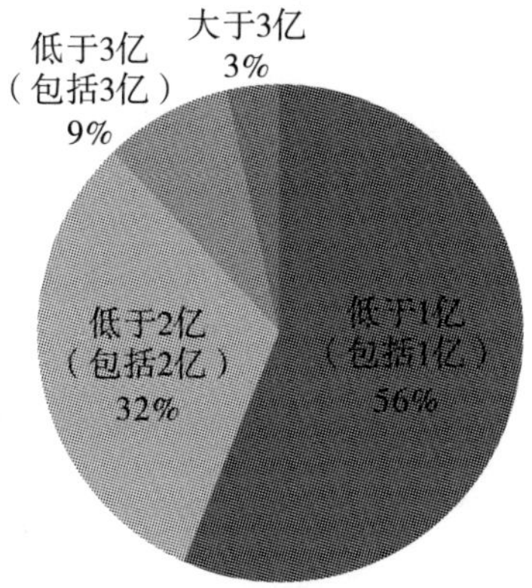

图7　中小企业私募债单只发行规模(数据截至2013年8月13日)

由以上分析可知，中国中小企业债券融资市场还处在初级阶段，大量中小企业债券融资需求旺盛，但目前市场融资途径作为创新的方式在不断发展中，中小企业集合票据额和中小企业私募债都是很好的途径，但仍需对于规则和风险防范措施有进一步的完善，以期为中小企业提供更好的融资方式。

（三）小微企业在债券市场融资的制度分析

小微企业采用债券融资最大困难就是行政准入门槛过高，大量小微企业很难达到要求。以中小企业集合票据为例，其准入政策规定如下：

（1）规模要求：单个企业拟发行规模2000万以上2亿元以下（净资产规模达到5000万以上）；

（2）盈利要求：发券前，连续两年盈利；

（3）评级要求：任一企业主体信用评级为BBB级及以上（部分地区的地方性规定），评级结果与发行利率具有相关性；

（4）行业要求：可获得当地政府明确支持（如财政贴息、项目补助优先支持、税收优惠、政府背景担保公司提供担保等）。

另外，中小企业集合票据一个重要特点就是需要担保公司担保。目前担保模式大体可分为两种：一是聘请中债信用增进投资股份有限公司提供担保，担保费率较低，同时聘请地方担保公司为中债增公司提供反担保。二是地方担保公司直接为发行人提供担保。具体模式可视项目情况及发行人、市场投资者的接受情况决定。

通过之前的数据分析也可以看到，中小企业私募债尽管只推出一年，但发展相当迅速，究其原因就是基本无行政许可标准。具体要求如下：

（1）无强制要求评级。

（2）需对 2 年财务进行审计。

（3）发行期限在 1 年以上、3 年以下。

（4）承销商需获批中小企业私募债券试点资格的证券公司。

但中小企业私募债具有优点的同时，也因为发行人的财务、信用等问题造成较大的风险，对于投资人来讲应予以警惕。

五、完善债券市场支持小微企业融资机制的政策建议

债券融资是企业直接融资的重要方式之一，企业债券融资在财务上具有许多优势：债券融资的税盾作用、债券融资的财务杠杆作用、债券融资的资本结构优化作用。完善债券市场支持小微企业融资机制可从以下几个方面入手：

（一）完善小微企业债券融资相关信用体系

不断完善社会信用体系和小微企业信用体系。完善社会信用体系，进一步完善资信采集制度、资信评定制度等制度，提高整个社会的诚信水平。完善小微企业信用体系，首先要完善小微企业征信体系，全面反映企业的信用状况；其次，建立能够保持中立的征信机构，站在中立的角度评价出不同小微企业的信用情况；再次，不断补充征信系统数据库，并实现征信信息的共享。此外，中小企业信用评级体系的建立，有助于小微企业防范商业风险，也有利于资本市场的公平、公正、诚信。最后，建立有效的监督管理体系，确保信用评级机构评估结果的真实可靠。

（二）构建较为完善的小微企业债券融资法律法规体系

根据发达国家的经验，解决小微企业融资难问题需要有相应的法规

政策的支持。由于我国债券市场起步较晚，2007年出台的《公司债券发行试点办法》为我国的公司债搭建了基本可操作框架。而我国的《证券法》是针对大型企业发行债券而设定其条件，这些条件对于小微企业而言并不十分适用的，因此我国应尽快建立相关的法律机制来规定小微企业的发债条件，这样既能保护债券持有人的利益，降低投资风险，又能推动小微企业债券的健康发展。

（三）建立小微企业债券的风险管理体系

小微企业债券发行后将面临各种风险，因此有必要建立小微企业债券的风险管理体系。小微企业债券发行之后不仅将面临行业风险、政策风险、制度风险、法律不完善的风险，通货膨胀等宏观环境因素所引起的风险，还将面临发行风险、资金使用过程中的风险、利率风险和信用风险等。面对以上风险，应尽快建立较为完善的小微企业债券市场的风险管理体系，有利于保证债券的信用，提高债券的发行效率，给小微企业债券的后续发行提供有效的保护措施，促进小微企业债券的健康快速发展。可对已发行小微企业债券的发债企业建立小微企业债券多维动态相关违约风险度量模型，为政府、企业发行人、承销商及债券投资者提供动态的数据化的小微企业债券提供风险度量参考信息。同时，为小微企业债券建立风险管理监管机制，增强其产品生命力，稳定我国债券市场。

（四）优化小微企业债券发行交易制度

目前我国证券发行主要采取核准制，发行证券的难度仍然较大。相关主管机构可在现行框架内，按照积极稳妥、分步实施的原则，短期来看，系统研究、推进发行中小企业债券的绿色通道制度，即在现有核准制度基础上，进一步简化审核材料和程序，降低融资成本和提高效率。作为投资者利益保护的配套措施，可限制发行额度或方式，并构建相适应的投资者准入和信息披露制度。同时，按照不同的发行额度设定不同的信息披露要求，切实保护投资者的合法权益。长期来看，着力构建适合我国小微企业债券发行的制度，逐步建立多元化、多形态的发行制度，以拓宽小微企业的融资渠道，提高其融资积极性，提升发行成功的概率。

交易制度完善与否直接影响着债券发行利率的高低及投资风险控制。应结合我国投资者习惯集中交易的特点，依托相对集中的交易系统，实行认购人间或合格投资者间的报价、询价交易和集中报告制度。同时，构建权利与义务对称且有效的做市商激励机制，加强债券报价质量，提高市场流动性。为促进流通，允许部分机构进行场外交易试点。

（五）加快搭建债券市场投资者结构

从债券市场的投资者构成来看，我国债券投资者主体为商业银行、保险公司、证券公司、基金公司等，其中商业银行起着主导作用。受监管部门相关法规的限制，大多机构投资者目前只允许购买信用级别为投资级以上的债券。建议逐步放宽商业银行、保险公司、基金等机构投资者债券交易方面的投资限制，提高其风险管理能力。同时，放开市场投资主体限制，吸引多种类型、不同风险偏好的机构投资者进入债券市场，进一步完善债券市场投资者结构。

除此之外，可以尝试发行中小企业债券融资基金，通过债券基金使之成为非金融企业和个人间接投资债券的主要渠道。也应积极推动小微企业风险投资的建立，以一定的方式吸收机构和个人的资金，投向小微企业，尤其是高新技术企业。

（六）加快小微企业债券产品多样化建设

小微企业债券市场的发展初期，可通过适度的资产抵押、第三方担保等风险分担机制进行信用增级。随着市场逐步发展，应逐渐减少抵押担保，更多地运用信用衍生工具等市场化手段管理信用风险。目前，银行间市场交易商协会已研究并推出了体现我国特点的信用衍生品——信用风险缓释工具（CRM），且我国基础信用产品市场已有较大规模，市场品种逐步丰富，基础制度较为完备，金融机构管理信用风险的需求十分强烈。应继续鼓励金融机构对 CRM 等产品的运用，提高其信用风险管理水平，逐步扩大我国信用衍生品交易规模，为小微企业债券市场发展做必要准备。

参考文献：

1.赵亚明，张彤，卫红江.多层次资本市场与中小微企业融资研究[J].金融教学与研究，2012(6).

2.刘晶晶.我国小微企业的融资环境及对策研究[D].吉林大学硕士学位论文，2012(12).

3.陆文山.推进我国债券市场发展的若干问题再认识——兼论资本市场功能的完善[R].中国证券监督管理委员会.

4.蔡万科，唐丁祥.中小企业债券市场发展：国际经验与创新借鉴.首届学术论坛优秀论文选[J].证券市场导报，2011(12).

5.庄胡蝶.民营中小企业融资问题探讨[J].安徽农业大学学报，2007(7).

6.刘逸龙.美国垃圾债券市场对中国中小企业私募债券发展启示[R].鹏元资信评估有限公司.

7.张镇锋.对我国中小企业融资有关问题的探讨[J].民营科技，2013(2).

8.吕莹莹.多角度解决小微企业融资难问题的途径分析[J].北方经贸，2013(4).

9.刘振.浅议如何破解小微企业融资困境[J].时代金融,2013(6).

10.吴东生.探究中小企业融资难问题[J].商业经济,2013(8).

11.顾芳睿.小微企业融资困境及对策研究[J].浙江工商职业技术学院学报,2013(6).

12.Alien F, and Gale D. Financial innovation and risk sharing. MIT press, 1988.

13.Grossman, Sanford, J. and Stiglitz , J. E. On the Impossibility of Information ally Efficient Markets. American Economic Review 70, 1980: 393 - 408.

14.IFC. China' s Emerging Private Enterprises. International Finance Company Report , 2000.

15.Mark Carey, Stephen Prowse, John Rea, and Gregory U dell. The Economics of the Private place Market. Board of Governors of the Federal Reserve System Washington, DC 20551, December 1993.

16.Gyutaeg, Experience of Newly Industrialized Economies in Securitization: Korea , 2003.

17.Korea Fixed Income Research Institute : 2005, 1-58.

18.Gyutaeg, Risk Management in ABS Markets Case Study: Korea1Korea Fixed Income Research Institute, 2005 : 1-48.

19.Saaty The Analytic Hierarchy Process , New York: McGraw-Hill Company, 1980.

债券市场支持城镇化融资有关问题的研究

金烨　杜卓芳　马图南

摘　要：相对于欧洲几百年的城镇化推进进程，加快推进城镇化必然需要大量的资金投入，合理解决城镇化融资问题，是保持我国城镇化健康发展的客观必要条件。本文将对城镇化融资来源的历史阶段进行总结，并对现存的融资模式的局限性和债券市场融资的优势进行分析，通过风险案例分析和国际经验，最终对债券市场支持城镇化融资提出政策性建议。

关键词：城镇化　融资　债券

城镇化是中国的一项重要的战略举措，加快城镇化发展既可以扩大内需，也是我国自身经济社会发展的需要。大量的农村人口进城务工，必然带来服务业的繁荣，带来内需的扩张、就业的增长。同时，城镇化发展也将带动经济结构转变，推动整个国民经济结构的调整。

相对于欧洲几百年的城镇化推进进程，加快推进城镇化必然需要大量的资金投入，合理解决城镇化融资问题，是保持我国城镇化健康发展的客观必要条件。

一、城镇化融资主要来源的历史阶段

改革开放初期,我国城镇化融资主要来源于基于税收的政府财政资金支持,即地方政府通过税收获得财政收入用于城市建设的形式。

1994年随着分税制改革的进行,地方政府财权与事权并不匹配,地方财力相对不足。即便是经济相对发达的地区,一般预算收入往往只能保证当地的经常性支出。随着20世纪90年代中后期土地有偿使用制度的推广,“土地财政”成为城镇化融资的主要来源,即通过土地开发与市政建设带动土地升值,再通过土地转让或拍卖,获得资金用于城市建设的形式。

2008年金融危机以来,随着中国人民银行与中国银行业监督管理委员会联合发布《关于进一步加强信贷结构调整促进国民经济平稳较快发展的指导意见》,地方政府融资平台的数量和融资规模呈现飞速发展的趋势,地方政府融资平台贷款成为城镇化融资的主要来源之一,即地方政府通过设立公司,并划拨土地等资产使公司的资产和现金流达到融资标准,必要时再辅以财政补贴等作为还款承诺,利用市场化手段筹集城镇化建设资金的形式。

二、现有融资模式的局限性

(一)税收融资无法满足需求

2012年,全国税收收入再创历史新高,达到11.07万亿元,同比增长达到 11.2%。但单纯依靠税收收入已经不能满足城镇化的资金需求。主要原因有以下三点：

一是我国税收占 GDP 的比重已达历史最高点，现有税制下税收大幅增加的空间有限，通过提高税率或调整税收模式为城镇化融资的做法并不现实。

二是当前税收体制与城镇化的关联度不高，根据欧美经验，市政建设的资金来源主要是财产税，财产税和市政建设能够形成良好的配套关系，而我国目前财产税的规模很小，还难以对城镇化融资起到充分的支撑作用，也难以形成配套的联动优势。

三是税收无法将未来收入转移到当期使用，不足以支撑我国城镇化对于资金的需求。我国城镇化的高速推进能够带来巨大的未来税收收入，因此要保证城镇化建设快速稳定的发展，除了充分利用过去和当前的现金流，合理利用未来的现金流可以更好地推进城镇化的进程，提高效率。而税收是本年度收入的转化形式，只是本年现金流的一部分，不能完全满足需求。

（二）土地财政难以为继

土地财政虽然是目前地方政府财政收入和城镇化建设进程中的重要组成部分，但其带来的副作用和其自身的特性使得土地财政并不具有持续性，政府无法通过卖地持续地获得收入。

一是城区规模有限，具有高价值的土地需要具有良好的地段，而在城区规模一定的情况下，政府不可能无限制出让土地，土地财政的进行必然伴随着城市规模的不断扩大，不但与区域内的人口形成矛盾，也会带来超级城市等一系列问题。

二是导致耕地面积减少,在土地出让金的利益推动下,地方政府违法违规占用耕地的现象时有发生,这与我国的根本利益不符。

三是土地财政在某种程度上会造成地价和房价上涨,影响居民的生活水平,从而影响社会的稳定。

（三）地方政府融资平台模式有待规范

现有的地方政府融资平台模式实现了未来现金流在时间轴上的平移,并具有一定的可持续性,在一定程度上缓解了地方政府的财政压力,为城镇化建设提供了巨大的财力支持。但目前以银行贷款为主的地方政府融资平台运行模式存在以下的问题:

一是透明度问题。地方政府融资平台贷款作为地方政府担保的隐性负债,根据我国的政体,一旦地方政府无法偿还债务,中央财政很可能不得不扮演最终还款人的角色,中央政府应该掌握总体平台规模和财务信息。而现有双边银行贷款的融资模式缺乏透明度,尚未公开发行债券的融资平台也无需公开财务状况,中央政府并不能掌握各地方政府融资平台的贷款总额,也无从对各地方政府融资平台的财务状况进行了解。

二是缺乏约束。在我国现有的行政体制下,地方银行、银行地方分行往往与地方政府存在着密不可分的联系,贷款在决策时更多地受到地方政府的干预,使贷款审查流于形式。在贷款存续期间,商业银行的约束能力也不足,即使出现风险,地方政府也往往要求银行对贷款进行展期。同时,贷款与否完全由地方政府决定。总体而言缺乏公众和市场的约束机制。

三是存在制度风险。由于地方政府融资平台某种程度上就是地方政府的隐性负债,而我国现有的政策不允许地方政府举债,一旦出现风险,能否顺利通过专项税收、一般财政收入对平台融资进行偿还存在风险和疑问。

四是金融风险。地方政府融资平台融资以银行贷款为主,而商业银行作为面向公众吸收存款的系统性重要金融机构,融资平台融资规模的快速增长可能导致银行的信贷风险加大,进而转化为金融风险。

五是政府换届问题。由于贷款属于双边行为,地方政府每五年换届,银行向新一届政府回收贷款的难度会有所增加,如果届时银行行长也进行了换届,贷款可能不了了之,形成"新人不买旧账"的局面。

三、债券市场融资优势

面对目前地方政府融资平台存在的问题和城镇化建设进程中迫切的融资需求,通过在债券市场公开发行债券可以在保证地方政府融资规模需求的同时,有效地通过市场的作用解决地方政府融资平台现有运行模式的缺陷。

(一)公开性

根据债券市场的相关规定,发行债券需要公开进行信息披露,并定期披露财务状况。推动地方政府通过债券市场进行融资,中央政府可以较为便利地了解地方政府的债务负担情况,并对地方政府自身或地方政府融资平台的财务状况进行定期了解,有助于中央政府进行评估和管理。

(二)市场化约束功能

通过债券市场的约束功能,可以使不同城市所发的债在市场上呈现不同的价格,进而表明不同城市的债券具有不同的评级和信用水平,体现其不同的风险和偿还能力,既有利于帮助投资者判断风险、作出决策,也可以对地方政府的融资行为和融资能力产生约束。通过推动地方政府在债券市场公开发行债券,可以有效地通过市场的功能对地方政府进行约束,降低有关部门的管理成本,避免地方政府的利益寻租和政治干预,并通过市场行为提升各地的金融生态和融资环境,也可以消除政府换届所带来的风险。

(三)风险分散功能

我国的债券市场经过多年的发展,具有丰富的投资者结构和良好的风险识别能力,相对于现有模式将风险积聚在银行的做法,在债券市场发行债券可以有效地分散风险,多样化的持有者结构也可以更为有效地识别风险,从而更好地对发行人的行为进行监督。

四、债券市场市场化约束功能案例分析

我国的债券市场主要包括银行间市场和交易所市场,这两个市场在交易品种,竞价机制以及主要投资者等方面存在一定的不同。经过十多年的培育和发展,债券市场在基础设施、信息披露、市场结构以及投资者培育等方面均取得了长足的进步,市场有效性不断增强,市场价格对风险逐渐形成了较为有效的反映和约束机制。下文试图通过对比较有代表性的信用风险事件进行梳理和分析,来阐述债券市场对信用风险的揭示和对相关债务主体的约束功能。

(一)11 海龙 CP01

11 海龙 CP01 是由恒天海龙股份有限公司发行,并在银行间市场上

市流通的短期融资券。这只债券上市之后,市场对其信息披露,财务恶化等一系列问题的反应,构成了对我国债券市场对融资企业约束机制的生动阐述。

恒天海龙股份有限公司是一家以生产粘胶纤维和帘帆布为主的民营企业,2011 年,国内粘胶纤维行业景气度由热转冷,上游主要原材料的价格迅速上涨,但由于行业产品整体同质化较为严重,企业在销售市场中定价权较弱,因此发行人的财务数据在当年出现较为严重的恶化。该券发行时,发行人披露的最新一期财报是 2010 年的三季报,当季盈利 4600 万元。但 2011 年 4 月 21 日发布 2010 年的业绩快报时,预计亏损额便已达 2 亿元。2011 年 4 月 29 日财报正式披露之时,亏损额达 5.94 亿元之多。此后,公司接连曝出董事、董秘、监事等多名高管辞职的新闻,使得投资者对公司的治理和内控水平产生了一定的怀疑。9 月 1 日,由于公司未履行对外担保的重大事项披露,深交所将其股票予以特别处理。14 天之后,评级公司联合资信对该券的评级进行了下调,由原先的 A+稳定下调至 A-负面。

密集的负面消息对债券的价格产生了明显的影响,该券上市以来成交的收益率基本集中在 5.45%左右,但到 2011 年 7 月时,成交收益率已经上行至 6.92%,9 月的成交收益率更是高达 8.58%。投资者对财务数据恶化和公司治理问题已经表达出了一定的负面看法。此后,评级公司也表达了他们对海龙偿债能力的担忧,联合资信在 2011 年 12 月 19 日和 2012 年 2 月 15 日将发行人的主体评级调降至 BB+和 CCC。这样的垃圾债评级对该券的市场价格产生了重要的引导作用,评级调降后 11 海龙 01 的市场收益率已暴涨至 63.37%,远高于同类债券的市场收益率。2012 年 4

月9日，面对即将来临的兑付压力，在市场强烈的恐慌情绪下，当日的成交收益率高达825%，几乎百倍于其他短融券。市场对发行人能否按期兑付的担忧被充分地揭示出来。

11海龙CP01最终以如期还本付息的方式和平收场，市场也在接收并确认这样的消息后逐渐恢复平静，中央国债登记结算有限责任公司的估值数据显示，11海龙CP01兑付前三日的估值数据分别为96.08元、98.08元和99.98元。通过市场价格的理性回归，我们可以更加清晰地感受到债券市场对于市场风险的揭示与判断，以及市场价格背后投资者对发行人在信息披露、信用风险以及公司治理等方面的监督。

(二)11超日债

11超日债是由上海超日太阳能科技股份有限公司(下简称“上海超日”)发行，并在深交所上市的公司债券。发行人是一家以生产各类光伏产品为主的新能源企业。近年来，随着光伏行业出现的较为严重产能过剩以及欧美对光伏产品的反倾销调查的不断升级，曾经风光一时的各大光伏企业均出现了不同程度的业绩下滑，部分企业出现了不同程度的信用风险。上海超日正是在这样的背景下制造了一次震动全市场信用危机。

2012年以来，由于美国欧盟对光伏企业实行“双反”政策，并且部分光伏应用国家下调了光伏补贴，光伏产品的价格大幅下跌。光伏企业的经营受到极为严重的挑战。

2012年12月19日，上海超日发布公告称拟披露重大事项，为避免公司债券和股票的价格出现重大波动，将于2012年12月20日起停牌。消息一经发布，立即引发了市场的广泛关注和对公司业绩的担忧情绪。一时间关于公司的各类传闻甚嚣尘上。2月1日复牌当天,市场价格大幅下跌,当日收盘价从停牌前的103.92元骤降至79.75元。跌幅达23.3%。此后债券价格在波动中下行,截至4月26日,11超日债收盘价为71.45元。累计跌幅已近三分之一。

4月27日公司发布了2012年经审计的财务报告,公布的财务数据印证了市场对公司业绩的担忧。上海超日的主营业收入出现了大规模的下滑,主营业收入从2011年报的33.33亿元,下降到2012年的16.38亿元。跌幅达50.8%。同时由于光伏行业整体业绩欠佳,公司资产应收账款的质量出现了严重的下降,资产减值大幅上升。财报显示,公司的资产减值损失由2011年的2.12亿元大幅攀升至2012年的6.98亿元。增幅超过220%。连续亏损致使上海超日达到了深交所关于债券发行人连续两年亏损应停牌的条件,11超日债再度暂时停牌,由深交所在15个工作日内作出是否暂停上市的决定。期间,评级公司将11超日债的评级降为CCC级。5月21日。公司发布公告称11超日债将于5月22日起30个交易日后正式暂停上市。此后超日债价格一直在低位徘徊,截至正式暂停上市为止,超日债收盘价已跌至65.15元,较信用风险事件发生之前累计下跌了36.8%。2013年7月8日,11超日债因公司连续亏损正式暂停上市。

(三)案例分析总结

从两次危机中,我们看到了市场对于信息的及时披露和反映,市场价格的不断变化反映了发行人信用资质的变化,对投资人的决策产生不断的预警和保护机制。正是市场的规范和制度力量使得投资人能够迅速地了解发行人的信用风险变化。

由于存在市场化的管理,监督和信息披露机制,债券直接融资较银行

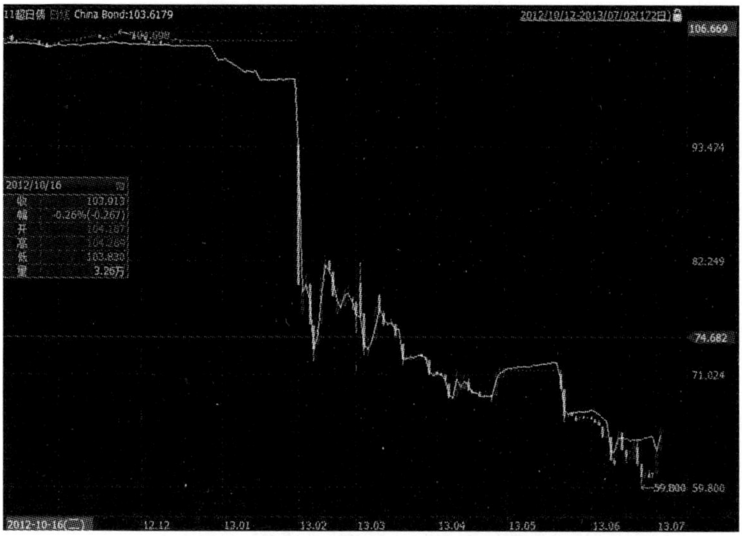

图 1　11 超日债收盘价历史走势图

信贷为投资者提供了更多的保护，也极大程度地减少了由于信息不对称和市场地位不同而在融资过程中出现的种种寻租现象。

通过进一步比较，我们发现银行间市场在面对信用危机时，其价格波动幅度总体上小于交易所市场，信用危机过后市场价格通常会逐渐恢复到正常水平。这与两个市场的特点是分不开的，由于银行间市场的参与者以机构投资者为主，因此，抗风险能力和流动性管理能力相对较强。交易所市场包含大量中小投资者，因此，面对信用危机时价格波动中通常包含恐慌情绪，波动幅度大于银行间市场。但从总体上看，无论是银行间市场还是交易所市场，其对信用风险的揭示和对投资人的保护机制在危机中都非常充分地发挥出来。

五、地方政府债券的国际经验

(一)美国市政债券

美国市政债券市场历史悠久,自1812年纽约市首次发行市政债券,至今已有超过200年的历史。目前,美国拥有世界上最发达、最规范的市政债券市场,规模逐年扩大,截至2013年一季度末,美国市政债券规模达到3.7万亿美元。

1.市政债券类型

美国市政债券分为一般责任债券和收入债券两大基本类型。一般责任债券以州地政府的税收及其他财政收入担保,作为其还本付息的资金来源。发行一般责任债券筹得的款项可用于各种基本建设,不受具体项目的限制。收入债券则是以特定基本建设工程的收益担保,靠其收入(如桥梁、公路的通行费等)偿还本金和支付利息,这类债券一般不以地方政府的征税能力作保证。

2.发行的基本条件、审批方式

美国各州及州以下地方政府的举债权由各自的法律规定,联邦政府不为州及州以下地方政府所举债的债务提供担保,也无权直接干预州、地政府事务,无权限制其举债规模,但有权通过某些间接途径对州、地政府举债实施援助或者限制。地方政府会通过立法对债券的发行权、发行规模进行限制,无需上一级政府的批准。

各州地对发行市政债券发行均有着严格的审批机制,发行一般责任债券需要选民或议会投票通过后,在预算体制的限制下发行;发行项目收益债券需要议会或立法部门的专门机构进行批准。

3.信息披露要求

州和地方政府等发行市政债至少应该披露的信息包括:(1)详细阐释官方陈述,以帮助投资者全面了解官方陈述的内容,让投资者掌握有效信息以评判该市政债的优劣;(2)必须披露发行的市政债的相关要素,比如市政债举债资金的用途、债券的信用等级、债券的还本付息方式、债券的偿债资金来源、债券的利率是否浮动、债券的发行方式等;(3)发行人的信息,比如发行人的行政级别、人均 GDP、人口规模、地理环境等。

另外,如果是发行收益类市政债,那么应当披露发行企业的组织机构类型、管理制度、收入来源与结构、经营利润等;发行人的资产、长期借款、短期借款、未来债务负担以及还款计划等;法律和政策事项,包括企业合并、分离等任何可能影响债券发行、税收等方面的事项;债券评级、财务顾问以及进一步获取有效信息的联系方式等。

4.规模控制与风险预警机制

美国许多州和地方政府法律对地方政府的举债权和举债规模进行了限制。据美国州预算官员协会(NASBO)2002 年进行的调查:在州宪法和法令规定允许发行一般责任债券的 47 个州中,有 37 个州对一般责任债券规定了限额。如债务率(政府债务余额/政府年度总收入)为 90%~120%,负债率(债务余额/GDP)在 13%~16%。州与地方政府必须遵循政府会计准则委员会在《政府会计、审计和财务报告》中确立的政府债务报告基本准则,记录和报告政府债务。各州也建立了较为健全的风险预警机制,如俄亥俄州的《地方财政紧急状态法》中详细规定了风险预警监控体系、危机化解机制的操作程序。

除此之外,一些地区还设置了自己的规模控制指标。北卡罗来纳州的法律规定，该州及州以下地方政府的资产负债率要小于8%。马赛诸塞州法律规定，州政府一般责任债券的还本付息支出不得超过财政支出的10%。加利福尼亚州的宪法规定，除非某机构事先获得辖区三分之二选民的赞同，否则任一年度中县、市和学区举债的数额不得超过其年度收入。

5.违约救助机制

美国作为联邦制国家，州、地政府拥有相对独立的自主借债权，因此出现违约风险时，主要靠地方政府自身采取措施进行自救，联邦政府或州政府很少会实施援助。当收入来源不足以偿付时，地方政府可提高税率或收费比率并降低政府支出；对暂时性或技术性财务危机，与债权人直接协商即可。如自我补救无效，有些州会通过设立的专门管理机构帮助这些地方政府。若还无效，就依照联邦破产法，由发债政府设计和解协议并提出自愿破产请求。

（二）日本地方政府债券

日本地方政府公债，最早可以追溯到明治初年。1879年日本确立了"发行地方债必须通过议会议决"的原则，从此开始了地方债制度的建设。1888年日本颁布的《市镇及镇村制》、1890年颁布的《府县制》《郡制》，地方债制度更趋完备。1940年，地方债发行首次实行每年发行总额控制。发债主体以大城市为主，发行对象则为大银行和大信托投资公司。1947年的《自治法》，继承了战前的法制，规定可以有条件的借入地方债。近年来，日本地方债券规模发展迅速，从1998年的13万亿日元，增加至2012年年末的54万亿日元。

1. 日本地方政府债券类型

日本的地方政府债券包括地方公债和公共企业债两种类型，其中，地方公债是日本地方债券制度的主体。地方公债是地方政府直接发行的债券，主要用于地方道路建设、地区开发、义务教育设施建设、公营住宅建设、购置公用土地以及其他公用事业；公共企业债是由地方特殊的公营企业发行、地方政府担保的债券，使用方向主要集中于下水道、自来水和交通基础设施等方面。地方公债是真正的政府债务，表现为地方政府的直接债务；而地方公企业债既具有部分政府债券的性质，也具有部分企业债券的性质，因此，并不构成政府的直接债务，但无疑是政府的或有债务。

2. 发行的基本条件、审批方式

2006 年在财政再建和财政改革的推动之下，日本地方债制度发生了重大变化。债务发行体制由中央政府主导的许可制度转变为中央政府与地方自治团体的协议制度。在协议制度下，地方自治团体或地方公营企业向总务省总务大臣和都道府县知事提出发债申请，如果得到许可既可发债，即使总务大臣和知事不同意发债，但只要获得地方自治体议会的认可也可以发行地方债。在此制度下，地方债的发行就出现了两种类型，一种是协商下获得认可的地方债，另外一种是没有获得协商认可的地方债。获得协商认可的地方债的融资财源和偿还财源都纳入地方财政计划，享受中央政府的优惠政策，而没有获得协商认可的地方债则中央政府不再承担其融资财源和偿还财源，从而地方自治体或公营企业失去了国家的信用保证，必须完全依靠自己或市场来解决地方债融资与偿还问题。

3. 地方政府债券发行程序要求

发行协商制地方债券，各地方政府公债须向总务省上报计划，并经总务大臣批准。总务大臣批准时，要与财务大臣协议，听取财务大臣的意见。地方政府自主发行债券需经过地方议会表决通过。

4. 规模控制与风险预警机制

对于通过协商制发行的政府债券，获得总务省许可的主要条件有：一是对于不按时偿还地方债本金或发现以前通过明显不符事实的申请获准发债的地方政府，不批准发债；二是公债费比重在20%以上的地方政府不批准发行福利设施建设事业地方债，比重在30%以上的地方政府不批准一般事业债；三是对当年地方税的征税率不足90%或赛马收入较多的地方政府发债也进行限制；四是严格限制财政赤字的地方政府和赤字公营企业发债等。

此外，公债费是日本控制地方政府融资规模和风险预警的重要指标，实质公债费比率达到18%以上的都道府县、市町村再发行地方债就需要得到许可；达到25%的需要制订健全计划并接受外部审计，以尽早使财政稳健；达到35%的，地方自治权将受到制约，法律规定必须做财政重建计划并必须得到中央财政的批准，政府职员工资全部降低，居民要开始征税。

5. 违约救助机制

日本作为中央集权制国家，由于上级的法律或道义事权往往成为下级的当然事权，下级的债务不可避免地成为上级的或有债务，上级不得不成为下级债务的实际上的最后承担者，因此，在日本实际上存在着双重保证的偿还机制安排。地方政府作为债券发行或担保者是第一次、法律和制度的偿还人，中央政府成为二次的、行政和道义上的偿还人。如果考虑到财政是金融机构真正的最后顺序的“最后贷款人”（中央银行是法律、制度和第一顺序的最后贷款人)，因此，日本模式实际上具有集中金融风险和财政风险的机制安排。正因为如此，日本财政的赤字率持续居高不下。

六、政策性建议

我国可以通过参考国际经验，在完善制度建设的基础上，稳步推动地方政府通过发行债券解决城镇化融资问题。

一是进一步深化政府财政体制改革。明确地方政府财权，加强地方政府财政制度建设。财政分权的实质在于中央政府和地方政府财税职权范围的划分。进一步理顺中央和地方政府间的财权关系，既能够明确地方政府发行债券的权利，又可以加强中央政府对地方政府发债规模和方向的监管，从而进一步规范地方政府融资行为。

二是明确地方政府偿债义务。地方政府不应对所有涉及政府的债务承担无限的连带责任，根据国际经验，地方政府债券分为两种，对于相对独立能形成收益的项目，一般发行以项目收益为偿还来源的收入债券，地方政府不应以税收对收益类债券进行担保。我国应对地方政府发行的券种进行分类，对于需要地方政府担保或以收入作为偿还来源的债券，应在发行时通过相应审批并对担保或偿还行为进行信息披露；对于发行时未审批担保义务的债券，地方政府不得在债券出现风险时增加担保；对于收益型债券，可以比照企业债，地方政府不得对该债券进行担保。

三是建立地方政府债券发行审批机制。对于需要以地方政府收入作为偿债来源的债券，应建立严格的审批机制，可以参考国际经验，在市场建设初期参考原日本模式，发行债券应报中央审批后方可发行，随着市场建设的不断完善,可以逐步过渡至美国模式,即地方政府发行债券应经过本级人大或全民公投表决通过后方可发行。

四是加强信息披露。对于地方政府担保的平台债券,除定期就平台公司的财务信息进行披露意外,也应就该地方政府的财务信息进行披露。

五是进一步培育投资者的风险识别能力。通过银行间、交易所两个市场的风险案例分析,我们建议在初期地方政府债券仅面向机构投资者发行,待市场进一步培育后再扩大至个人投资者。

参考文献:

1.余晨阳,邓敏婕.市政债券:城镇化融资的新渠道[J].学术论坛,2013(3).

2.马庆斌,刘诚.中国城镇化融资的现状与政策创新[J].中国市场,2012(16).

3.周小川.城镇化及其融资问题[R].讲话稿.

记账式国债续发行研究

白伟群　吴亚洲　付颖　戴晓艾　刘洁

各国国债市场的演进表明,在市场经济体制下,国债是一国货币政策和财政政策的结合点。随着经济发展和经济体制改革的深化,提高国债流动性,对提高金融市场效率具有重要的现实意义。不同投资者对国债流动性的要求是不一样的,以机构持有为主的市场结构,无疑是一国国债能够顺利实行拍卖发行的保障条件,同时,这也决定了二级市场的活跃程度。国债存量在各种金融资产中所占比重较低时,国债市场的金融功能是有限的,流动性必然受到限制。提高国债流动性,拓宽续发行国债空间之后,有了一定规模的国债存量,国债流通的活跃才有基础,债券市场才能在货币市场中占有一定地位。而国债市场化的发展,国债流动性的提高,又能够使国债投资者更乐于持有国债,进一步拓宽了国债的发行空间。

一、我国运用续发行技术已经取得的经验

(一)我国运用续发行技术的基本情况

国债以其零信用风险的重要特点而被市场参与者作为基本投资工具所持有。续发行技术在我国处于探索阶段,从 2006 年以来,国债、政策性金融债均尝试选择了续发行的方式对存量债券进行增发。

2007 年 10 月 12 日,财政部首次对 2007 年记账式(十一期)国债进行续发行,截至 2011 年底,共对 9 只国债续发行 10 次。政策性银行 2006 年 8 月 11 日首次对 2006 年中国农业发展银行第七期金融债券续发行以来,共对 10 只债券续发行 11 次。统计情况见下表:

债券代码	债券简称	期限	计息方式	招标日期
国债				
070011	07 国债 11	3 年	附息式固定利率	20070713
				20071012
110001	11 附息国债 01	1 年	附息式固定利率	20110112
				20110415
				20110513
110002	11 附息国债 02	10 年	附息式固定利率	20110119
				20110518
110003	11 附息国债 03	7 年	附息式固定利率	20110126
				20110511
110004	11 附息国债 04	5 年	附息式固定利率	20110216
				20110413

续表

债券代码	债券简称	期限	计息方式	招标日期
110007	11 附息国债 07	3 年	附息式固定利率	20110309
				20110420
110009	11 附息国债 09	1 年	附息式固定利率	20110323
				20110511
110010	11 附息国债 10	20 年	附息式固定利率	20110427
				20110727
110013	11 附息国债 13	3 年	附息式固定利率	20110601
				20110907
110014	11 附息国债 14	5 年	附息式固定利率	20110608
				20110803
110015	11 附息国债 15	10 年	附息式固定利率	20110615
				20110720
110016	11 附息国债 16	30 年	附息式固定利率	20110622
				20110810
110017	11 附息国债 17	7 年	附息式固定利率	20110706
				20110824
110019	11 附息国债 19	10 年	附息式固定利率	20110817
				20110921
110021	11 附息国债 21	7 年	附息式固定利率	20111012
				20111123
110024	11 附息国债 24	10 年	附息式固定利率	20111116
				20111214
政策性金融债				
060407	06 农发 07	3 年	附息式固定利率	20060626
				20060811

续表

债券代码	债券简称	期限	计息方式	招标日期
070422	07 农发 22	5 年	附息式固定利率	20071128
				20071207
080205	08 国开 05	10 年	附息式固定利率	20080220
				20110512
090205	09 国开 05	7 年	附息式浮动利率	20090610
				20110512
100204	10 国开 04	10 年	附息式浮动利率	20100203
				20100323
100207	10 国开 07	30 年	附息式固定利率	20100331
				20100519
				20100603
100312	10 进出 12	5 年	附息式固定利率	20101210
				20101230
110207	11 国开 07	10 年	附息式浮动利率	20110126
				20110427
110208	11 国开 08	10 年	附息式固定利率	20110211
				20110427
110209	11 国开 09	30 年	附息式固定利率	20110216
				20110309
070225	07 国开 25	10 年	附息式固定利率	20071121
				20110811
110255	11 国开 05	10 年	附息式固定利率	20110929
				20111124

（二）续发行的效果及影响

1.对一、二级市场投资者结构影响不大

我们选取了部分数据，对续发行国债进行分析，下图是按照机构类型分析首次发行时中标机构的承销额、首次发行时分销期结束后一级市场净认购额、续发行时中标机构的承销额、续发行国债发行时分销期结束后一级市场净认购额。

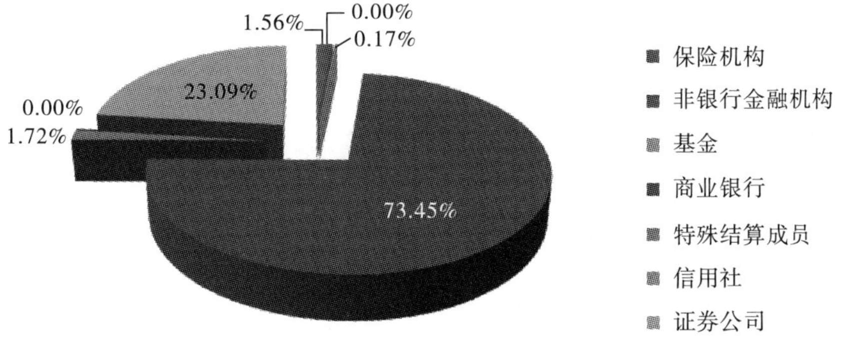

图 1　首次发行承销额

通过以上数据分析，我们认为续发行国债同首次发行及全部国债相比，在发行承销额和一级市场认购额上，对投资者结构没有过多影响。商业银行依然是承销及认购的重要组成部分，证券公司通过分销的方式，将大部分中标的承销量在一级市场上分销出去，促进了国债在一级市场的流通。

2.续发行国债流动性分析

根据传统流动性的定义，流动性可以概括为在大量买卖一个证券时，必须具备在短时间内以较低交易成本、保持较窄买卖价差，以避免对市场价格产生负面影响的能力。一个流动性强的市场应是参与者能迅速执行大宗交易，且没有对价格形成较大冲击的市场。

在流动性的度量方面，比较有代表性的是 Kyle(1985)，他提出了做市商制度下市场流动性的计量方法，即通过紧度、深度和弹性三个层次来度量。指标一、市场紧度(Tightness)，表现为交易价格偏离真实价格的程度。它反映投资者为获得流动性而支付的成本，一般以做市商所报出的买卖价差(BID-ASK SPREAD)衡量紧度 。指标二、深度(Depth)，即当前价格水平下可实现的交易量。反映了做市商在当前价位上愿意并有能力进行买卖的数量，我们通常用某一时期内的国债换手率来度量国债交易深度，这一指标较为精确地反映了国债现实交易量和潜在交易量之间的关系，便于对不同规模的市场进行比较。指标三、弹性(Resiliency)，也称收敛速度，即交易价格偏离后重新回复到真实价格或均衡状态的速度和能力。前两个指标是容易量化的指标，因此我们通过国债买卖价差和换手率分析续发行对国债流动性的影响。

以 2011 年交易数据为基础，我们比较续发行国债做市商所报出的平均买卖价差同全部国债做市商所报出的平均买卖价差。如下图所示，深色线代表全部国债做市商报出的平均买卖价差，浅色线代表续发行国债(含首次发行和续发行)做市商报出的买卖价差，上半年续发行国债的价差小于普通国债的价差，下半年形势发生了逆转。下图需要说明的是，续发行国债出现在 4 月份以后，因而浅色线所代表的数据在前一阶段表明首次发行债券的买卖价差，后一阶段表明续发行合并交易后的买卖价差。

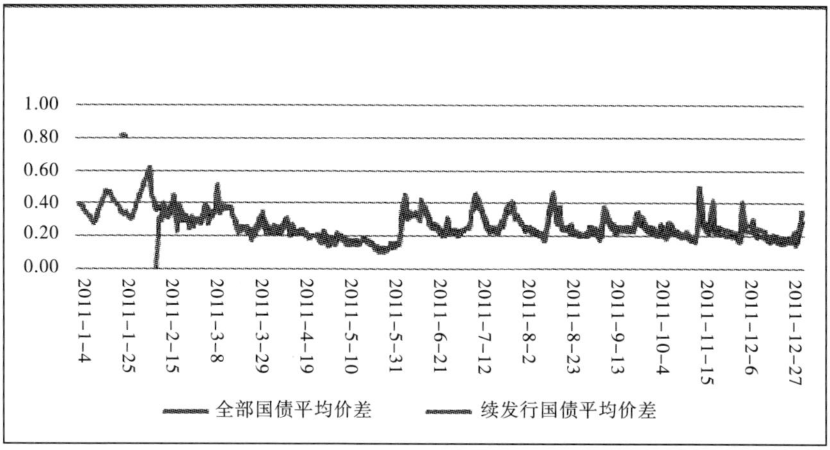

图 2　2011 年国债做市价差

同样以 2011 年交易数据为基础，我们比较从 2001 年开始到 2011 年为止发行国债的换手率，可以发现较早以前发行的国债交易量较低，发行当年交易较为活跃，续发行国债换手率最高。按月统计 2011 年国债与续发行国债的平均换手率，从 4 月份以后是真正的续发行国债同首次发行国债合并上市交易的平均值，不难看出同一时间段续发行国债换手率远高于全部国债。（见图 3）

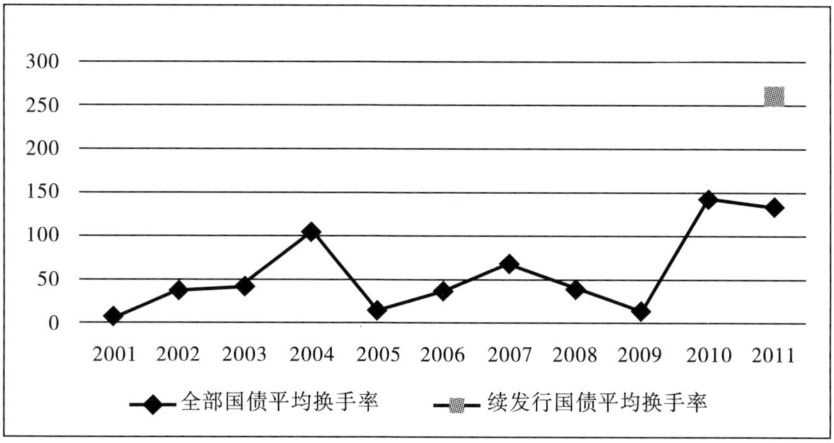

图 3　国债换手率

3. 国债兑付付息情况分析

2011 年共 34 期记账式国债兑付、183 期记账式国债付息，兑付总金额为 7682.03495 亿元（含最后一次付息资金）、付息总金额为1235.019734 亿元。如果对国债进行续发行，对兑付、付息资金总量影响不大，但可以使兑付、付息日相对集中。2011 年 1—12 月份付息、兑付情况分布为：

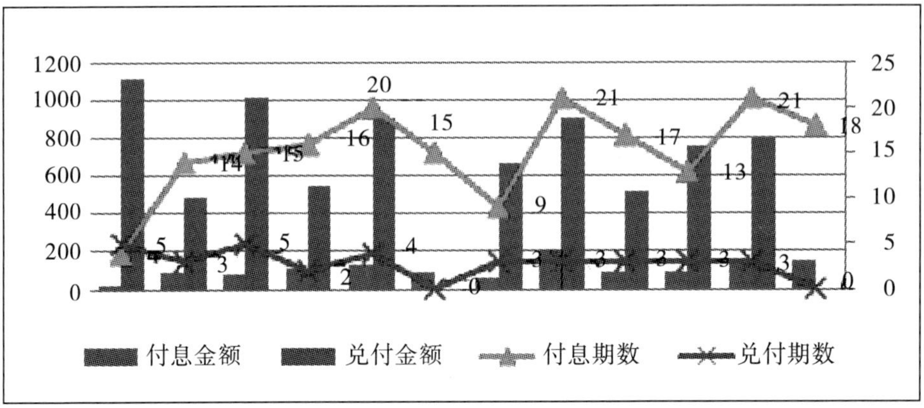

图 4　2011 年 1—12 月份付息、兑付情况

二、我国记账式国债续发行总体框架

（一）我国记账式国债续发行使用的总体模式

我国国债续发行处于探索阶段，因此建议首先进行不定期续发行，逐步过渡到美国模式，进行有规律的续发行。美国模式对发行人和投资者都提出了更高的要求，市场对一种制度的创新也有一个逐步适应的过程。在续发行使用之初，财政部可根据市场需求情况灵活选择续发行债券品种，考虑宏观经济条件和清偿能力等因素，兼顾自身与应债主体这两方面的要求和愿望，对国债的品种做出选择。随着实践的深入，市场对续发行国债有一个稳定的预期后，再逐步过渡到美国模式。

1.续发行具体模式选择

在续发行产品设计方面，影响市场流动性的制度因素主要包括发行规模、到期期限分配和基准债券。发行规模是影响流动性的重要因素。财政部在续发行债券的期限选择上要考虑到平衡点。一方面，如果续发行债券的期限没有满足投资者的期望，那么投资者就会要求一个额外的收益率溢价作为补偿，这会提高政府的融资成本；另一方面，如果续发行债券的期限过多，那么每一期的规模就会减少，从而降低流动性。

建议将续发行国债期限分布在三个区域：短期（1年或1年以内）、中期（1至10年）、超长期（20年以上），相对减少期限种类可提高平均发行规模。短期债券续发行同贴现国债效果类似，因而重点在中期关键期限国债的续发行上，应大幅度提高基准债券发行规模。对关键期限国债进行续发行，市场收益率被作为基准，这些基准债券可作为宏观经济指标被追踪或作为相关债券的定价参考。此外，续发行规模中相当大的部分是被活跃的交易机构如一级交易商（而不是被为持有而购买的投资人）所持有，从而确保了基准债券的流动性。

2.续发行招标方式选择

续发行是对票面利率已经确定的债券进行招标，因此可以选择价格招标或规定价格下的数量招标方式。

国债市场的信息包括多种层面：通常是价格或交易量，包括交易前信息、交易后信息、信息公开范围、信息公开频率和时滞。与发行市场相关的信息披露突出特点是招标时间表和发行条款提前几天或更多时间公布。进行充分的信息披露有助于国债市场建设，影响到投资者国债投资资本运作的计划性和前瞻性。

3.续发行与其他措施的配合

传统附息债券的收益率曲线很难提供真实利率的预期，必须剔除其利息影响，续发行有助于优化国债市场的利率期限结构，能够反映市场参与者对利率变化预期和长期利率趋势判断。这种信息既是其他债券收益率曲线形成和利率估值的依据，也为货币政策的实施提供信息。作为基准定价的有效工具，续发行国债需要具备一条真实的收益率曲线。在一个发达的国债市场上，续发行国债有助于构造一条“真实的”无风险收益率曲线：(1)令市场参与者认为国债是无风险的；(2)国债按预期数量和频率有规律地发行，其发行期限绝大部分应为1到10年；(3)国债供给量充足。

由于续发行处于探索阶段，发行达到多大的规模最合适尚需实践检验，因而建议财政部可以在国债达到一定规模后根据财政政策需要，选择买回一定数量的国债，为市场上新发行更加有吸引力的债券释放出部分空间，灵活满足投资者的不同需求。早些年，财政部曾经操作过几次国债买回，但由于国债持有机构投资户与交易户的税收等问题，买回国债量不是很大，因而需要配套研究买回国债的税收政策等相关问题。

4.技术支持

续发行国债在技术方面应该充分考虑可发展的空间，从定价到分销、到信息处理及付息兑付应该统筹考虑。首先，对于发行系统而言，应充分分析续发行同原始债券之间的共同点与区别，为后续操作打好基础。为发行人和投标人提供更加人性化的服务，可以增加收益率计算功能，在录入债券基础资料后，根据客户要求的价位段生成对应的收益率，并可以导出。

国债面向各市场承销团成员发行,银行间市场和交易所市场的联系可以更加便捷和紧密。我们可以以续发行为突破口,打通银行间同交易所的系统连接,改变目前两市场需要手工传输数据的现状,降低操作风险,提高效率。

中国债券一级市场服务体系研究

庞昭熙

摘　要:随着近年来债券市场的迅猛发展,债券市场一级市场的制度、体系创新都以前所未有的速度进行。债券一级市场的健康发展无疑对二级市场起着至关重要的作用。由于监管部门众多,债券本身差异性较大,债券一级市场整体呈现分散发展的趋势,此外随着市场发展的需要,监管模式和思路都发生了一定变化。本文对市场发展特点、参与者结构和存在的问题进行了阐述。其中特别对债券市场的中介服务机构进行了重点分析,提出现有市场环境下,建立科学合理的一级市场服务体系思路。

关键词:债券一级市场　特点　服务体系建设

债券一级市场也称为债券发行市场,是发行单位初次出售新债券的市场。债券发行市场的作用是将政府、金融机构以及工商企业等为筹集资金向社会发行的债券,分散发行到投资者手中。简单地说,就是以发行债券这个方式来筹集资金的场所。根据发行主体不同,发债主体的目的略有区别，以现有的主要几种债券为例，国债发行的目的是平衡财政预算、扩大政府投资、解决临时性资金需要、归还债务本息；金融债券发行的目的在于改善负债结构增强负债的稳定性、获得长期资金来源、扩大资产业务；而企业债发行的目的主要是多渠道筹集资金、调节负债规模实现最佳的资本结构。由此可见，债券一级市场社会各主体的重要直接融资道之一，而多样化的产品也为社会大量的闲置资金找到更为有效的运用渠道，从而提高了社会整体资金的使用效率，促进了经济金融的高效和合理的运转。

一、债券一级市场近年发展特点

债券市场近年来取得了较为迅速发展，以 2008 年为例，我国债券市场单年就发行债券达 7.07 万亿元。从近几年的中国债券一级市场的发展情况来看，有以下几个特点：

首先，从下面 1998—2008 年债券品种发行量的图表中，可以看出债券发行主体进一步多样化，债券品种和信用层级逐渐丰富。

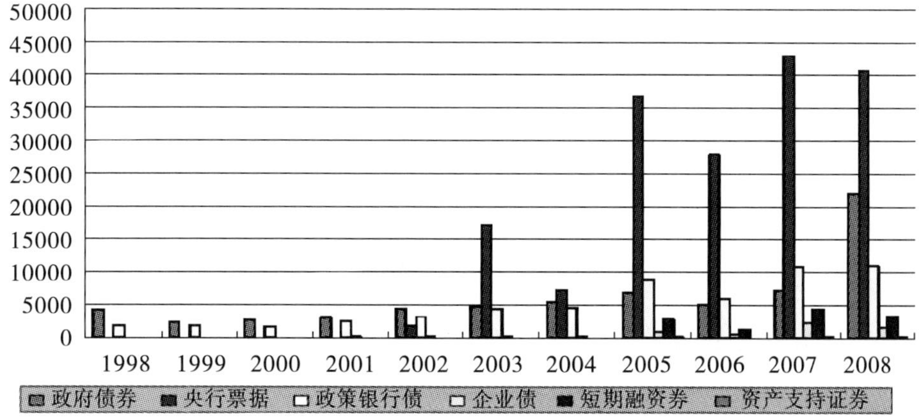

其次,债券发行期限结构日趋均衡。2001 年以来,期限 5 年以内的债券发行比例逐年增大,中长期债券发行比例逐渐减少。从 2006 年的托管期限数据来看,一年以下(不含 1 年)品种、1~3 年、3~5 年债券占市场的主要份额,其合计托管量达 9.7 万亿,占市场托管总量的 64.37%。5~7 年和 7~10 年期品种债券托管量合计为 3.08 万亿元,占比 20.4%。10 年期以上债券托管量为 2.3 万亿元,占比 15.23%。

第三是债券市场存量明显增加,场外市场快速发展。截至 2008 年 12 月末,在中央结算公司托管的债券共有 1211 只,人民币债券存量达 15.11 万亿元,美元债券存量 30 亿元。

债券产品的不断丰富,表明随着我国金融市场的发展与商业银行改革的推进,直接融资渠道不断拓宽,金融资产结构不断优化,长期以来间接融资占绝对比重的局面已有所改观。债券发行期限结构调整,反映了发行人和投资人在市场发展中逐渐理性和成熟。

二、债券一级市场参与者构成

从一级市场的市场结构来看,目前主要由发行者、认购者和中介服务机构组成:

(一)发行人

发行人是债券一级市场的供应者,为债券市场提供了品种多样的固定收益产品。随着金融市场不断发展和完善,发债主体从开始的财政部发展成为包括中央政府、中央银行、政策性银行、金融机构和企业等类型不同、多层次的发行人结构。

（二）投资人

债券一级市场投资人即债券认购者也就是购买债券的投资者，主要有社会公众团体、企事业法人、证券经营机构、非营利性机构、外国企事业机构和个人投资者等。由于大部分债券采用承购包销的形式，因此在一级市场主要投资人是机构投资者，特别是资金实力雄厚的金融机构。

（三）中介机构

随着市场发展的日趋完善和机构专业化程度的加强，为了保证债券发行的顺利进行以及发行后存续期间交易流通的安全有效，中介服务机构提供了专业化的服务支持。目前的中介服务机构主要包括产品设计及服务类机构，目前主要是承销商。承销商一方面是债券的投资人，一方面也承担着为发行人进行产品设计和推介的工作。二是信息咨询类机构，如信用评级机构、律师事务所、会计师事务所等，为债券发行及存续期间提供评估及信息支持。三是登记托管类机构，目前主要是中央国债登记结算公司及中国证券登记结算公司，托管登记结算机构通过进行注册登记和证券账户的管理，记录了债券的要素并协助发行人及认购人明确各自的权利义务关系，并为债券存续期间的有关活动提供了必不可少的基础性支持。

除发行人和认购人外，在债券一级市场上的其他参与者我们都可称之为中介服务机构，这些机构基本并不直接参与债券的认购，也并不以筹资或是以取得利息或资本收益为目的。这类机构主要提供的是服务支持，有效地沟通和连接了债券和资金的供需双方。中介机构与金融工具、市场主体三者相互依存互为条件，共同构成债券市场的有机整体。构建科学合理的一级市场服务体系，充分发挥中介服务机构的作用将进一步促进债券一级市场的健康有效发展。

三、债券市场中介机构构成及职责

(一)承销商

现有的各类债券中,国债、政策性金融债等发行规模较大、信用级别高的债券基本采用承销团方式。在这种方式下承销团成员承担义务和权利包括:按照发行人制定的有关规则,在债券招标发行中参与招标标的要素的确定、发表自主认购一定数量债券意愿并在债券进入二级市场流通前可将投标确定的债券额度进一步分配给其他投资人。

对于企业债、短期融资券和中期票据等信用产品来讲,多采取主承销商制度。对于主承销商来说,除前面所讲义务和权利外其必须具备对发行人的发现、推荐的功能。在新的核准方式下,主承销商的这个功能尤为突出。另外,作为主承销商,统筹协调会计师事务所、信用评级机构、律师事务所等中介机构的团队合作,合理安排各个中介机构进场时间,这些具体的工作程序也显得十分重要。同时,随着债券发行规模化扩容,对承销商的销售能力提出了更高的要求。

此外,承销商在一级市场中具有双重身份,一方面本身是债券的投资人,同时也承担着为发行人提供协调、推介和销售等中介服务的功能。随着信用产品占比的不断提高,发债主体也呈现出从金融机构向非金融类机构拓展、高信用级别债券向不同信用级别债券范围拓展的趋势。有很多新的发债主体对于债券市场及自身的债券产品缺乏认识和专业设计,具体工作包括:以行业公认的业务标准和道德规范,对债券发行人进行全面尽职调查,充分了解发行人的经营情况及其面临的风险和问题;为发行人提供必要的专业服务,确保发行人充分了解有关法律制度和市场管理政策，以及所应承担的相关责任；会同律师事务所、会计师事务所核查发行人申请材料的真实性、准确性和完整性；督促发行人按照有关要求进行信息披露，并会同律师事务所、会计师事务所核查信息披露文件的真实性、准确性和完整性；按照签订协议，做好债券推介和销售工作。

因此，承销商的专业化团队介入帮助发债主体完成了有关产品设计及各项协调工作，从而促进债券一级市场主体数量和结构日趋增加和丰富。同时通过承销商之间的竞争也将促进债券一级市场的科学化和标准化，为监管部门和投资者提供更为方便有效的途径和手段，是培育成熟健康的债券一级市场的基础之一。

（二）信息咨询类服务机构

目前的信息咨询类服务机构主要包括评级机构、会计师事务所和律师事务所等。信息咨询类服务机构的产生和发展是社会信用水平发展、金融市场规范化发展的产物。在目前的证券发行过程中，评级报告、法律意见书及财务报告等文件都是重要的信息披露要件，是社会认知证券产品及发行人的重要途径。

1.信用评级机构

信用评级的综合内容主要包括：产业分析、财务分析、筹资投向分析和履约能力分析。具体就债券而言信用评级机构主要依据发行者的偿债能力、发行者的资信和投资者承担的风险几方面进行评级。目前任何机构发行证券时都十分重视证券的评级，证券等级的高低直接影响债券的发行价格、市场销路和筹资成本。信用评级制度是债券市场重要的市场化机制之一，独立、公正、客观的信用评级制度对债券市场的发展、培育良好社会信用环境有很大的促进作用。

2.会计师、审计事务所

会计师事务所作为证券市场上从事证券服务的中介机构其承担的任务有：对证券发行人的会计科目、会计报表等做常年会计查账验收工作；为公司证券发行上市出具审计报告；为上市公司出具中期或年度审计报告等。目前证券市场的有关审计工作很大一部分是由注册会计师实行的，证券业务的审计就是由专职机构和人员实施的为证券的发行和交易服务的，对被审计单位的财政、财务收支及其他经济活动的真实性、合法性和效益性进行审查和评价的独立性监督活动。通过会计师、审计事务所的有关工作可以真实客观地解释主体的经营和财务情况，从而为投资人提供决策的依据。因此，会计师事务所往往被称为证券市场的"经济警察"。

（三）登记托管类机构

登记托管类机构是指依法设立的为证券交易提供几种登记、存管与结算服务的，不以盈利为目的的中介服务机构。证券登记托管机构在证券的登记和交易中处于重要地位，是非常重要的中介服务机构。它的设立有利于证券的登记、托管和结算业务的顺利进行，防止过度投机，维护交易安全、防范系统性风险。其中登记是指专业机构根据委托维护持有人名册从而确认证券权属状态的行为。证券登记的目的是对证券持有人持有证券的事实及权属状态予以确认，登记服务包括初始登记即首次发行的登记和变更登记即权属状态发生变更的登记；债券的存管、托管是托管登记机构的核心业务，债券存管是指登记托管机构发挥其簿记功能，保存证券头寸的电子记录。托管机构对其存管的政权负有保管责任，需确保交存争取的安全。

登记托管机构从市场建设角度讲属于证券市场的基础性服务机构。与其他中介不同，登记托管机构在一定程度上承担着维护市场秩序，保证市场安全正常运转的职责，因此肩负更多的社会责任。该类机构的建设和发展是衡量金融市场发达程度的重要指标之一。就债券市场而言，目前中央国债登记公司作为债券市场的总托管机构，为国内大部分债券提供了登记、托管及结算服务工作。在一级市场上，除极少数的公司债券外，其他债券基本都由中央结算公司完成债券的要素注册和初始登记及交易流通前的一系列变更登记工作。

四、一级市场发展中存在的问题

（一）制度建设有待加强，监管协调尚需完善

目前在债券市场上监管中的突出问题是多头监管带来的效率下降。多头监管是指债券的发行、交易、结算等分别由不同的机构或部门负责。债券市场监管机构的分离造成各类债券在审批程序、发行程序、发行标准和规模、信息披露等各个环节宽严不一，从而影响了债券市场的制度建设。在这种监管模式下各债券品种发展呈现良莠不齐的情况，具有国家信用的如国债、央票等在发行中环节相对较少，发行人基本掌握一级市场的主动权，投资人及中介机构主要从事发行人指令落实工作。其他信用产品的管理分属不同监管机构，对发行及之后的流通中各环节的要求有所不同，因此对于承销商及其他中介机构来说缺乏统一的执行标准和操作规范，而投资人也难以认知市场上种类日益繁多的产品。

（二）缺乏成熟的投资者群体，投资者结构较为单一

就证券市场而言，机构投资者的数量是衡量其成熟度的标尺，缺乏机

构投资者的市场从根本上就缺少了活力。在发达国家,专业的债券投资基金是各类债券、特别是公司债券主要投资者。然而,目前在我国债券的投资主力仍是资金实力大、风险承受能力强、专业技术水平高的金融机构——商业银行。而且由于监管部门的分割和监管重点有所不同,各个类型的机构在不同债券品种的投资参与程度不同。因此造成债券无法在统一的信用标准和市场环境等客观因素下竞争。投资者机构类型的单一造成投资选择趋同,市场呈现单边趋势,很难出现公开竞争、百花齐放的形势,这也成为限制我国债券市场发展的因素之一。

(三)参与主体主动创新动力不足,市场层次较为单一

我国债券总体看品种还不丰富,非公部门债券待发展。以公司债为典型,从国际比较来看,美国债券余额中,公司债券占 14%,阿根廷公司债券占 45.7%,泰国公司债券占 32%,而我国公司债券只占 2.2%。其次,我国企业融资方式偏向于间接融资,直接融资发展缓慢。最后,由于发债环节政府性因素过多、监管约束过多等因素,使债券市场的参与主体创新动力严重不足。从国际经验看绝大多数创新及推广工作都是由市场主体和中介机构推动的,而非公部门的债券也就是信用类产品应该是最为活跃的品种。目前我国的信用产品发展还不成熟,市场主体和中介机构的推动工作还开展得不够,大部分产品创新、操作标准及信息披露等工作仍然采用自上而下、主管部门推动的模式。

(四)缺乏权威的评级机构,债券信用评级有待规范

在我国,发行债券的企业对其发行债券情况的信息披露较少,投资者对企业债券的风险性、流动性、安全性和收益性缺乏充分了解。这样,中介机构特别是信用评级机构科学而客观的信用等级评定,就成为债券市

场上融资者与投资者沟通的桥梁。目前我国虽然也出现了许多中介机构，如会计师事务所、资产评估事务所、信用评级机构，每次发行的企业债券也都有信用评级，但由于缺乏客观的标准，甚至许多中介机构给钱就盖章，缺乏职业道德。结果，个别被中介机构评为AA级的企业债券，仍出现过到期不还的现象。同一时期发行的同一品种债券票面利率也几乎没有差别，信用评级在债券的发行中基本丧失了定价功能。另外，对信誉评级的公正性、客观性和真实性也没有建立起必要的监督机制。投资者就不得不对中介机构的客观、中立和公正表示疑虑，从而使中介机构失去了投资者的信任。

（五）对信息披露重视不够，信息披露制度不完善

在成熟市场上，严格的信息披露制度是规范债券市场参与者行为的基础制度之一，也是投资者判断债券信用风险的重要依据。在目前信用产品发展初期，市场对信息披露的重视程度不够。一些企业甚至将信息披露看成是一种负担，信息披露选择的方式、内容、时机存在很大随意性、虚假性和操纵行为，严重阻碍了企业债券市场的健康发展。因此，如何建立一套完善的信息披露机制，保证信息披露的真实性与及时性，已经是我国企业债券市场发展中不可回避的问题之一。

五、发挥中介机构的作用，建设科学的一级市场服务体系

（一）加快债券发行体制改革，充分发挥市场机制作用

从制度上看，影响我国债券市场发展的主要原因是中国资本市场还严重受制于政府的管制，没有完全处理好政府和市场的关系。一般来说，

政府和市场的关系是一个良性互动和逐渐变化的关系。历史经验表明，政府过多的管制与干涉阻碍了债券市场的顺利发展。在市场建立的初期，需要政府制定游戏规则引导市场方向。但随着市场的逐步成熟，政府的这一角色要慢慢退出，更多的是维持市场公正，也就是监管职能会显得相对更重一些。随着市场的不断进化，完善和制定新的规则就更为重要。借鉴发达市场经济国家债券发行的经验，放松行政管制，建立以发债主体的信用责任机制为核心的公司债券市场体系以及信用评级、信息披露、债券受托管理人等市场化的配套制度，充分发挥中介机构和投资机构识别风险、分散风险和化解风险的功能，更好地发挥市场机制在债券市场发展中的基础作用是债券市场发展的大势所趋。

（二）完善债券信用评级制度，规范信用评级机构

债券信用评级是对债券偿还可靠性程度进行的测定，完善的信用评级制度是证券发行注册制的基础，债券市场发展依赖于一个高度发达的评级制度。我国的评级公司数量上不少，但真正起到客观衡量发债公司信用实效的却不多。具体表现在以往企业发债几乎都有银行的担保，银行一旦提供担保，投资者看重的是银行的信用，而不是企业自身的信用，这就使得企业债券的信用等级也拉不开差距，利率有趋同性。大力发展债券市场应当设法让发债主体把自己的信用展示出来。虽然许多国家的证券法并不要求证券发行时必须取得债券评级，但是由于没有经过评级的债券在市场上往往不被广大投资者接受。相反，经过信用评级后公司债券更加受到市场的接受，从这个意义上讲，债券评级是债券进入证券市场的通行证。此外，还应进一步规范资信评级机构，建立风险赔偿机制，使资信评级机构对自己负责评定的企业债券负有风险连带责任。

（三）建立严格的信息披露制度、制定合理的披露流程

随着市场的完善发展和发行人以及投资人结构的多元化，对于信息披露的要求逐渐提高。在现有的管理办法和制度中逐渐也将信息披露作为债券发行及存续期间必不可少的环节。

由于不同类型债券具体特点和要求有所不同，因此现有的信息披露制度仅是在必要性上提出了强制性要求，而在披露内容、披露标准、披露流程等方面缺乏统一的标准，在具体落实过程中很容易出现遗漏和突发性情况。因此制定严格的信息披露制度和披露流程，明确市场参与主体和中介机构的权利义务已经成为亟待解决的问题之一。就目前来讲，信息披露工作中，托管结算机构是实质上的披露媒介、会计师事务所、律师事务所是主要的信息提供方、承销商是披露信息的收集和组织者。因此，托管结算机构可在主管部门和行业协会的指导下，组织并协调信息披露具体工作，提供信息披露的标准化流程。

（四）进一步明确托管结算机构的一级市场服务内容

债券市场分为一级市场和二级市场，其市场特点、投资者和参与机构都有所区别，为适应市场需求，提供更为专业和有效的市场服务和防范操作风险，托管结算机构也可划分为一级和二级两部分。

从债券的生命周期看，债券的要素注册、销售推介、信息披露、交易流通前的初始登记、变更登记工作均属一级市场业务，与二级市场的业务特点有较大区别。托管结算机构内部明确一级市场和二级市场服务内容，是市场主体和债券市场发展的需要，可进一步降低的信息沟通成本，防范操作风险。

（五）建立债券一级市场中介机构协调配合机制

在债券一级市场中，各中介服务机构各司其职，根据需要完成了自身职责以内的工作，符合市场对于专业化、精细化的要求。但由于分工不同、服务内容和要求不同带来各自面临的问题和困难也不同，比如承销商在辅导发行人工作中发现，随着越来越多的新发行人进入市场，一部分发行人对其承担的市场义务认识不充分，对业务流程不熟悉。主承销商在帮助完成发行及后续工作中，很难要求落实主管部门的有关工作；托管结算机构在信息披露、注册和等级环节很多要求和流程也很难落实；此外中介机构的权利、义务以及要求资质等也没有明确的标准。

因此，建立科学的一级市场服务体系、明确中介服务机构的职责和一定的进入、退出机制是十分必要的。现有情况下可采取的措施包括：一是定期开展中介机构的协调会，就一段时间内出现的问题及时沟通解决，不能协调的问题上报有关主管部门，主动推动市场的建设；二是建立评比和筛选机制，对中介机构、特别是承销商及评级和会计、律师事务所的业绩从质和量两方面加以评价；三是，协助制定一级市场有关规则和流程并保持动态更新，以帮助市场建立科学操作规范和标准。鉴于托管结算机构特殊的市场地位和非营利性，上述工作可由托管结算机构牵头组织完成，由此形成信息全面、成沟通有效、结构合理的一级市场服务体系。

我国中小企业债券发行模式研究

王超群

摘　要:中小企业融资难问题早已得到各方关注,尤其在金融危机影响之下,中小企业融资问题的解决显得尤为迫切。部分国家和地区在过去的时间里,摸索出了一系列有益于解决中小企业融资问题的融资模式,这对于满足我国中小企业融资渴求具有非常重要的参考作用。了解、学习这些创新的融资模式,分析其能否与我国金融环境和企业环境结合,创造出适合于我国的融资模式是本文的立意和分析目标。

本文首先分析了我国中小企业发展和中小企业债券发行现状,结合我国信用债券市场环境重点分析了制约我国中小企业债券融资的瓶颈。然后选取了两个成效较好的中小企业债券融资案例:韩国P-CBO模式和我国“西湖模式”债权信托基金模式,详细分析了其融资结构和优缺点。最后综合这两个先进模式的优点,并结合我国市场的整体环境,提出了一个全新的中小企业债券融资模式,并从市场建设、配套措施等方面提出了综合性的政策建议。

关键词:中小企业 债券 融资模式 结构设计

一、研究中小企业债券发行模式的必要性

(一)中小企业发展现状及融资问题

中小企业在我国的经济地位以及重要性已经得到各层共识,中小企业融资难问题也在近几年为市场所广泛关注。目前,由于受到持续近两年的全球金融危机影响,中小企业更是雪上加霜,市场需求锐减,企业订单减少,产成品积压和货款回收更加困难,企业资金链更加趋紧,我国部分地区和行业的中小企业停产倒闭现象增多,吸纳就业减少,而且有进一步蔓延的趋势。根据国家发改委的数据,2008 年上半年全国就有约 6.7 万家中小企业倒闭,倒闭企业占总数的 8.5%。下半年以来情况更严峻,一些没有倒闭的中小企业却是依靠减发工资或裁员才得以生存。中小企业难以生存甚至于破产,给我国各相关机构和监管层留下了许多难以解决的课题。

而中小企业最大的外源融资渠道——商业银行在金融危机的大环境中,不管从自身还是从监管层方面,都加大了风险控制力度,如对资本充足率等指标有了更高更严格的控制。而收缩风险资产必然从风险较大资产开始,因此风险较高的中小企业信贷自然成为收缩对象。所以即使是在这一年时间内,国家为了扶持中小企业,采用各种或市场化或行政化的手段来试图增加对中小企业的信贷投入,为中小企业提供资金支持,但仍然没有根本解决中小企业融资难的问题。例如 2008 年 1—9 月份,无锡市实际资金短缺 220 亿~300 亿元;从广东省中小企业局和广西区经委中小企业处最近进行的调查来看,广东有 95%中小企业资金告急,资金缺口或达 1.2 万亿,广

西规模以上中小企业资金缺口在400亿元以上。[①] 资金紧张成了困扰中小企业的一个难题,大量中小企业难以实现可持续的良性运行。

因此,如何应对全球金融危机对中小企业的影响,已成为关系到中小企业生死存亡和我国社会能否和谐发展的大事。

(二)银行间市场中小企业债券发行现状

为有效解决优质中小企业融资难题,支持中小企业发展,包括国家发展改革委、银行间市场交易商协会等在内的各相关监管机构及自律组织都对中小企业债券发行进行了有益的尝试并取得了初步成效。

2008年8月初以来,中国银行间市场交易商协会对中小企业融资问题进行了系统的研究,并就有关工作作出了部署。根据市场成员的意见和建议,协会选择了发行短期融资券作为探索中小企业融资的开端,2008年10月8日,中国银行间市场交易商协会接受包括福建海源自动化机械股份有限公司、横店集团联谊电机有限公司和广东宏大爆破股份有限公司等6家中小企业发行短期融资券的注册,注册额度共2.52亿元,首期计划发行1.97亿元。这意味着,一直徘徊在大型企业间的短期融资券开始惠及中小企业,利用金融市场为中小企业融资打开了一条新路。然而,从发行情况来看,中小企业短期融资券的发行遭遇了市场"寒流",多数机构投资者对此类短期融资券并不看好,对风险控制严格的商业银行、基金公司等都对其采取了回避的态度。2009年又陆续有沈阳金山能源股份公司等三家中小企业发行短期融资券。但这些中小企业短期融资券比同期发行的同一信用等级的其他短期融资券利率明显偏高,同时发行以来二

① 国家发展和改革委员会宏观经济研究院:《金融危机影响下中国宏观经济走势及其对策》,中国经济信息网。

级市场流动性很差，换手率几近为零，可见市场对中小企业短期融资券认可程度不高。

随着2007年底“深圳市中小企业集合债券”“中关村高新技术中小企业集合债券”的发行成功，集合债券成为中小企业融资的新途径。2009年4月大连市冶金轴承公司等8个中小企业在大连港集团的担保下成功发行了集合债券。但由于信用风险较大、与担保机构较难协商、部分担保机构要求有二级担保或者联合担保等原因，中小企业集合债目前来看也陷于停滞。

在金融危机对中小企业造成严重影响的近两年，国家已经把发行企业债券作为重要的公共应急政策，接连隆重推出。先是2008年12月份国务院办公厅发布的“金融30条”中提出，要稳步发展中小企业集合债券，开展中小企业短期融资券试点；紧接着，央行在2009年的年度工作会议上，也提出了要继续开展中小企业短期融资券试点，研究在银行间市场推出高收益债券和中小企业集合债券。由银行间交易商协会牵头于2009年9月成立的中债信用增进投资股份有限公司，标志着首家专业债券信用增进机构的诞生，是我国对中小企业债券市场的又一次有益探索，对于发展中小企业直接融资市场，完善信用风险分担机制，缓解中小企业融资困难的现状具有重要的带头作用。

（三）限制中小企业债券发行的瓶颈

1.中小企业内部因素

（1）部分中小企业经营效益相对较低，抵御风险能力较弱。中小企业一般具有数量多、资本技术密度低、技术装备落后、资金实力比较弱、管理人员素质差、市场开发能力不足等特点，加之中小企业的规模普遍较小，达不到规模经济性，因而会很大程度地降低其抵御市场风险的能力。同时，大部分中小企业以劳动密集型为主，并且一般处在竞争较为激烈的行业，进入和退出这个行业的频率均相对较高。对单个中小企业来说，其经营风险较大，信用风险也相对较高。

（2）财务管理水平低，道德风险相对较高。一是，大多数中小企业的会计制度不健全，财务管理水平比较低，而外部投资者考察其真实资信状况的难度很大；二是，金融机构对中小企业的财务报表进行全面审核的难度较大，金融机构不能真正了解中小企业的财务信息；三是，中小企业对外的信息披露意识较差，加之财政部门等有关单位没有对中小企业报表对外披露做出强制性规范，中小企业很少对外披露信息。

（3）中小企业资金需求具有特性。大多数中小企业对贷款需求有“少、急、频”的特点。中小企业的贷款一般贷款需求频率高、数量少，管理成本高，而且要得急，多为流动资金贷款。有关资料统计显示，我国中小企业贷款需求频率是大中型企业的5倍左右，平均每户资金需求数量是大中型企业的千分之五左右，这种资金的需求特征客观上就造成了中小企业发债的困难。

2.外部因素

（1）信息披露机制不完善。目前我国尚没有完善可靠的信息披露机制，首先，全国范围内的征信体系尚未建立，并且该体系未将所有债券发行体的信息都纳入其中。其次，目前债券市场的信息披露也不够规范，信用类债券信用评级跟踪不及时、信用评级对突发事件反应滞后、信息披露格式内容不规范、部分披露信息不够真实准确、投资者获取披露信息不便捷等问题依然存在。而信息披露机制的完善与否决定了投资者对信息的获得程度和认可程度，当今我国的信息披露机制导致很多投资者和发行体之间存在着较为严重的信息不对称现象。

（2）信用评级体系较为混乱。债券发行过程实际上是发行主体与投资者的一种博弈，发行主体融资成本最低化的目标使得发行主体操控评级公司优化评级的动机强烈。但目前全球通行的信用评级公司由发行主体进行选择的体制必然导致评级市场的“寻租”现象，如果评级公司不屈从于发行主体，评级公司将面临市场份额的萎缩，甚至可能出现越屈从于发行人的评级公司拥有越多的客户，即出现所谓的“劣币驱逐良币”现象。在这种环境中，信用评级信息往往失去了其本身的可信度。

（3）信用类债券定价过程不透明。信用类债券簿记建档决定发行利率的过程中存在着诸多可操作的环节，该利率往往是一个非市场化的利率，价格信息的不真实则常常导致市场的混乱，而一个混乱的市场不论从深度还是广度上都很难得到发展，而中小企业在这种市场环境中则更难谋求到属于自己的融资机会。

（4）投资主体缺失。商业银行、保险公司等投资主体由于风险控制较为严格，投资偏好均偏于保守，对中小企业债券尤其是没有经过有效增信的中小企业债券投资受限，而以上信息不对称、信用评级不公允、定价过程不透明等因素又加剧了这些投资主体对中小企业债券投资控制的严格程度。在银行间市场的主要投资者缺失的情况下，中小企业债往往面临无法发售的境地，而承购包销制也使得承销商们对中小企业债券望而却步。

（5）缺少为中小企业贷款提供担保的信用体系。对中小企业自身来讲，一方面能够抵押的资产较少，贷款将受到限制；另一方面，企业办理担保和抵押环节的手续繁琐，担保或抵押收费昂贵，令中小企业普遍难以承受。如在土地房产抵押评估和登记手续中,评估包括:申请、实地勘测、限价估算等,登记包括:土地权属调查、地籍测绘、县级以上地方人民政府土地管理部门向土地他项权利者颁发土地他项权利证明书等,极为繁琐。我国具有市场公信力的担保公司还较少,仅有的几家也对担保发行人的要求极为严格,“担保门槛”较高。目前由银行间交易商协会牵头成立的中债信用增进公司,致力于为中小企业发行体担保,能在一定程度上推动中小企业债券的发行,但由于人力物力有限,中小企业又为数众多,因此难能满足市场的整体需求。

二、韩国中小企业债券发行先进经验借鉴

(一)韩国中小企业发展状况

和中国一样,韩国的中小企业为数众多。资料显示,中小企业约占韩国企业总数的95%,提供80%的就业岗位,是韩国经济及社会稳定的坚实根基。同样地,韩国的中小企业在创业、成长、发展的过程中,也被“融资难、人才难、研发难、销路难”等问题困扰,韩国中小企业所面临的问题,其实与中国很相似。但是,韩国在扶持中小企业发展方面,也创造出了全新的模式,而这些模式,或许值得我们借鉴。

为突破融资瓶颈,韩国自20世纪80年代以来出台了《中小企业创业支援法》等支持中小企业发展的系列政策法规,同时,在政策性金融方面也采取了相应的措施,大力拓展中小企业的融资渠道。但尽管如此,韩国中小企业的融资仍然高度依赖银行。1997年东南亚金融危机爆发后,韩国银行机构为控制风险都主动收缩贷款,信用质量较差的中小企业无疑成为银行信贷收缩的对象,大批中小企业因此倒闭。1999年韩国超大型

企业大宇集团破产再次引起韩国金融市场恐慌，进一步加剧中小企业融资难的困境，债券市场出现明显的“避险投资现象”（flight to quality），投资者对企业的风险状况更为谨慎，低信用等级债券的发行量锐减，在没有垃圾债券市场的韩国，中小企业债券融资成为可望而不可即的事情。基于中小企业的发展对遭金融危机重创的韩国经济快速恢复起决定作用，韩国政府采取各种措施来帮助中小企业融资，以促使其发展，在1999年底，韩国政府通过政策性金融机构SBC（Small Business Company）首次推出P-CBO（Primary Collateralized Bond Obligation），为韩国中小企业开创了一种全新的债券融资模式。①

（二）韩国中小企业债券发行模式

1.中小企业债券发行模式概况

韩国政府推出的P-CBO（Primary Collateralized Bond Obligation，以下简称P-CBO）机制独特，该机制融合了中小企业集合发债及资产证券化（ABS），与我国的中小企业集合债券非常相似，本文主要以韩国的P-CBO为案例，重点分析该模式的特点，以探索我国中小企业债券融资发展的方向。

P-CBO是一款ABS产品，P-CBO的产生离不开韩国飞速发展的ABS市场。在推出P-CBO之前，韩国政府就已经出台了《资产证券化法》（Asset Securitization Act，1998年9月），受益于这部法律法规，韩国ABS得到了空前的发展，1999年，韩国ABS发行量达到67709亿韩元，占韩国债券市场的22.1%。此外，由于当时韩国金融危机刚平息，投资者都

① 王光宇：《亚洲金融危机十年——总结与反思》，《银行家》，2007年第7期。

非常不愿意从事直接暴露于风险的投资，相反，ABS 这类附有信用增级的产品则得到投资者的青睐。在良好的 ABS 市场环境下，P-CBO 这种以资产证券化为基础的融资工具得到了韩国政府的大力支持，在 1999 年底首次发行成功后，P-CBO 立即获得了广大投资者的认可，成为 ABS 市场的一种热门产品，到次年，韩国 ABS 发行量已经增加到了 493832 亿韩元（占韩国整个债券市场的 84.2%），而 P-CBO 的发行量则达到了 73073 亿韩元，占整个 ABS 发行量的 14.8%，如表 1 所示：

表 1　韩国 P-CBO 发行概况

产品类型	2000 年		2001 年	
	发行量（亿韩元）	比　例	发行量（亿韩元）	比　例
P-CBO	73,073	14.8%	75,406	14.8%
ABS	493,832	100.0%	509,342	100.0%

数据来源：Financial Supervisory Service（FSS），"ABS Market of Korea in 2001,2002"

2.P-CBO 的基本交易结构

P-CBO 是 CBO（Collateralized Bond Obligation）的一种，所谓 CBO 就是以一组垃圾债券为标的资产的 ABS 产品，其目的就是通过资产证券化，将一组垃圾债券重新打包成多组不同风险和收益的债券，以满足不同投资者的需求。尽管 CBO 的标的资产为垃圾债券，信用质量较差，但由于债券数量较多，信用风险能够足够分散，使得重新打包成的优先级别的债券达到投资级债券标准，因此从这个角度看，CBO 实际上就是一种将垃圾债券转化为投资级债券的工具。

韩国积极地利用了 P-CBO 的融资优势，在 1999 年底，韩国政策性金融机构 SBC（Small Business Corporation，以下简称 SBC）成功组织发行了第一个P-CBO(如图1所示)。在该P-CBO交易中,首先,23家中小企业在SBC的统一组织协调下联合向SPC发行720亿韩元的债券(SPC是专为该次交易设立的一家特殊目的公司),23家公司的平均信用等级为BB级,所发行的债券均属于垃圾债券;随后,为了吸引投资者,SPC将该720亿韩元的债券组合重新打包成两大类不同优先级别的ABS,其中一部分为445亿韩元的优先层债券,该部分债券向广大投资者发售,余下的275亿韩元为次级层债券则由SBC持有。根据发行安排,23家中小企业的偿债资金首先用于偿还优先层债券,只有当优先层债券部分的本金完全清偿完毕后,偿债资金才开始用于偿付次级层债券,如此安排使得债券组合的违约损失首先由SBC全额承担,只有当违约损失超过275亿韩元时,优先层债券的投资者才开始承担超出的损失,因此,通过债券分层设计,优先层债券投资承担的违约风险已经大为降低。与此同时,韩国的住房和商业银行(The Housing and Commercial Bank)为参与企业提供100亿韩元的流动性支持,在必要时,为中小企业提供一定的信贷资金,保障到期债券的偿付,进一步提升债券的信用质量。[①]

从上述交易我们可以看到:相对于银行借款、普通企业债券,P-CBO作为一种创新型的中小企业融资工具,具有以下明显的优势:第一,P-CBO以资产证券化技术将多家中小企业发行的公司债券重新打包分层,以优先层债券和次级层债券等多个不同风险水平的债券类型重新配置风险和收益,满足了投资者的风险偏好,通过次级为优先级增信,从而保证了中小企业在信用等级不高的情况下顺利实施债券融资。

---

① Gyutaeg Oh. Risk Management in ABS Markets Case Study: Korea Korea Fixed Income Research Institute, 2005 : 1 - 48.

第二,P-CBO 降低了中小企业的发债成本。23 家中小企业的平均信用等级仅为 BB,所发行的债券也只能属于垃圾债券,即使能直接向投资者发行,投资者也会要求较高的利率;而采用 P-CBO 后,这些债券的 62%(发行金额)成了投资级债券,发行利率较垃圾债券低。

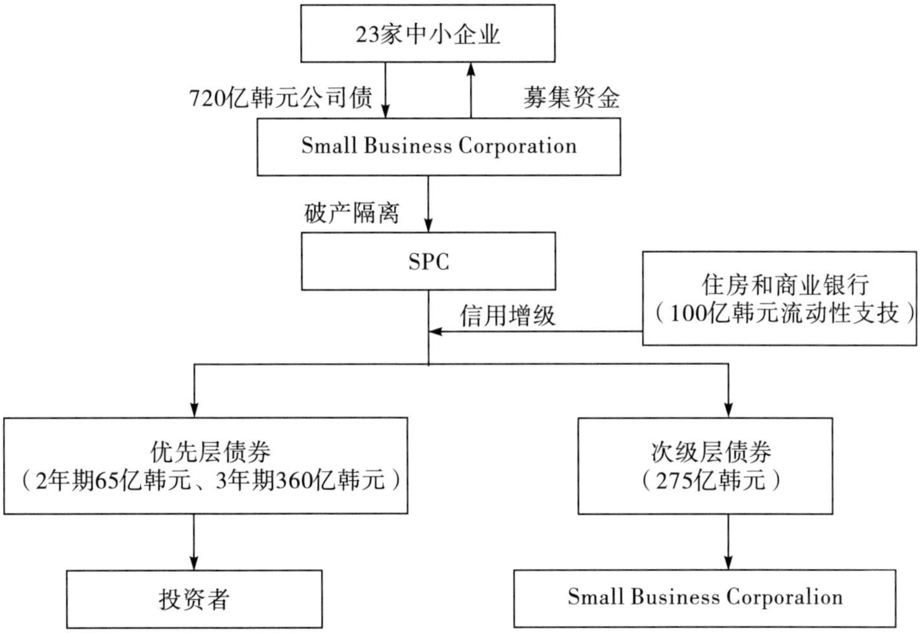

图 1　P-CBO 发行结构图

数据来源:Gyutaeg Oh,“Experience of Newly Industrialized Economies in Securitization:Korea”

第三,从上述案例可以看到,SBC 仅利用 275 亿韩元就为 23 家中小企业创造了 720 亿韩元的融资,杠杆效应高达 216 倍,P-CBO 提升了政府机构支持中小企业融资的成效。由于上述优势,P-CBO 迅速被韩国广大中小企业所采用,2000 年韩国 P-CBO 发行量达到 73073 亿韩元。①

① 李战杰:《韩国中小企业债券融资模式研究及对我国的启示》,《中央财经大学学报》,2009 年第 3 期。

三、我国中小企业债权融资的创新——"西湖模式"信托债权基金

金融危机影响下,我国中小企业债权形式也出现了崭新的变化。在拥有着2.7万家中小企业的杭州市西湖区,一种全新的中小企业融资模式浮出了水面——"西湖模式"信托债权基金。2008年9月19日,全国首只小企业信托债"西湖区小企业集合信托债权基金"在杭州西湖启动,标志着这个全国首创的"以政府财政资金为引导,吸引社会资金有效参与"的小企业集合信托债权基金正式落户杭州。

(一)"西湖模式"信托债权基金基本运作模式

该基金由小企业集合信托债权基金首期规模为5000万元,由西湖区财政出资200万元,浙江中新力合担保有限公司出资800万元共同设立的杭州点石引导投资管理有限公司负责组织运营。根据设立的框架,"平湖秋月"小企业集合信托债权基金由西湖区财政认购1000万元,由"点石公司"认购1000万元,另外3000万元通过银行向社会发行理财产品的方式募得。中新力合对5000万债务全额担保,如到期出现违约,由中新力合全额代偿,政府、银行、社会资金不承担风险。西湖区的小企业一旦获得这次融资机会,将以年7.47%的银行基准利率获得2年期贷款。该小企业集合信托债权基金计划首次启动,即获得了良好的社会反响:由杭州银行包销并设计成相应理财产品的募集资金额度在两日内便被认购完毕;而西湖区获悉该计划后报名企业一月内高达300余家,异常踊跃。[①]

该产品的基本运作模式概括起来就是:由政府与担保公司联合出资

① 《首个小企业集合信托债权基金深度调查》,《中国财经报》,2009年3月。

成立服务于中小企业的信托管理公司，该信托公司发起信托计划，所发行的信托产品由政府财政资金（或专项引导基金）、社会资本等共同认购，所募集的信托基金将投向经过信托顾问筛选出来的，能够体现政府扶持意愿且符合特定行业或区域经济发展特色的优质中小企业。

（二）“西湖模式”信托债权基金的成效

在该基金的首期产品“平湖秋月”中，担保费用只需1%左右，远低于银行借贷中3.5%~5%的费用。“平湖秋月”基金首批设定企业为20家，户均获得贷款额度为250万元。对于入选企业的评选标准，设定了6道门槛：企业注册地在西湖区，并在西湖区纳税；成立两年以上，经营稳定，并且上一会计年度有盈余；资产负债率低于85%；上年度销售额大于等于300万元；企业实际控制人在杭州有房产，并有两年以上从业经验；企业及主要经营者无不良信用记录。经过一段时间的经营，“平湖秋月”基金所投资的企业2008年第四季度的报告数据显示，获得投资的企业经营稳定、持续发展，销售额增长了30%，负债率基本持平。其中超过80%的企业认为没有受到金融危机影响。这说明了“集合信托债权基金”这种全新的债权融资方式在一定程度上取得了成功。[①]

西湖模式正在全国范围内不断被复制。2009年初，沈阳市发行1~2年短期中小企业集合信托债，由信托公司发起信托计划，信托产品由政府财政资金（专项引导基金）、社会资金共同认购。债券首期规模3000万元，期限2年期，债券利率不低于同期银行贷款基准利率的收益。2009年6月武汉市发行2亿元中小企业集合信托，在财政资金适当贴息情况下，

① 汤喆：《当前集合信托债权基金是中小企业新融资方式》，《中国经贸》，2009年第7期。

信托贷款年利率7%。该信托基金集合30家左右融资企业，单个企业融资规模起点100万，最高1000万。企业如果没有土地、厂房可抵押，也可采用股权、专利权、仓单等质押。而在杭州，继首期“平湖秋月”成功发行后，杭州市政府又推出了全国首个针对文化创意产业的小企业集合信托债权基金二期产品“宝石流霞”和针对所有行业中小企业的小企业集合信托债权基金三期产品“三潭印月”。

（三）小企业集合信托债权基金的优势

1.操作形式灵活

以集合信托企业债的形式，通过定向发售信托产品为成批次的小企业融资，可有效解决中小企业所面临的资产规模、融资规模等与传统企业债发行指标存在差距的问题。

2.资金来源多元化，改变了政府扶持方式

包括政府财政资金、专项引导基金、社会资金，将充分发挥政府资金放大作用，改善目前小企业过度依赖银行贷款的困境，通过政府的引导，将社会资金合法浮出水面，名正言顺地为小企业服务。

3.资金使用期限长

成功地改变目前小企业几乎无法获得一年期以上长期融资的困境，提高企业资金统筹降低周转风险。

4.企业融资成本低

由于有政府财政资金或者专项引导基金的支持，且在信托产品设计上不要求资金回报，大大拉低了小企业接受信托贷款的融资成本。

5.投资主体认可度提高、群体范围扩大

该融资方式兼具企业集合债的方式，以资产组合理论为依托，在一定程度上降低了单个企业发行债券时的系统风险和预期损失率，有利于债券信用级别的提升，提高了市场的接受程度。这一全新模式改变了最初的银行、担保、企业的形态，加入风投、政府财政和信托公司后最终达成六方共赢的良好局面。①

表 2　传统财政扶持方式与信托债权基金的比较

	传统财政扶持	信托债券基金
选择企业标准	无标准	清晰明了
覆盖企业范围	小	大
财政资金拉动作用	资金无法放大	资金放大
财政资金回收率	无法直接收回	全部循环使用
财政资金使用效果	无法评估	可确切评估

表 3　中小企业常用外源融资方式与信托债权基金的比较

	银行贷款	风险投资	普通债券	集合信托债权基金
额度	小-中	大	小-中	小-中
利息	基准利率上浮	无	低于银行贷款	低于银行贷款
出让股权	无	大比例	无	无
期限	短期	长期	中短期	中期
投资者风险	大	大	较大	较小

四、中国中小企业债券发行模式设想——韩国模式与信托债权基金的结合

P-CBO 作为一种中小企业集合债券融资工具，在韩国取得了非常大

① 《小企业集合信托债权基金简介》，《中国金融家》，2009 年第 4 期。

的成功,而"西湖模式"信托债权基金在杭州等地也取得了初步成效,两者对推动我国中小企业通过债券市场融资均具有重要的借鉴意义。

(一)信托债权基金与韩国中小企业债券模式结合的探索

1.两种模式的共同点

通过这两个成功的金融创新,我们可以发现一些共同点。首先,一个信誉有保障的中间人。政府引导或者由大公司牵头,无形之中提高了资金的安全性和企业运作的规范性,可以使得中小企业在融资时事半功倍。

其次,小企业抱团取暖。无论是信托债权基金,还是P-CBO中的债券打包模式,相较于单个企业,多家企业联合的方式有效降低个体风险,更能被市场所接受。特别是对于比较集中的地方性中小企业,联合体的形式也更加有利于彼此间自发的监督管理,一定程度上也是互相的一种担保。①

再次,确保资金的安全。集合信托债权基金中新力合公司对5000万元债务全额担保,P-CBO中的债券分层等,都在很大程度上确保了贷出人资金的安全收回。如果能够保证资金的绝对安全,在很大程度上便解决了资金的来源问题。

最后,少抵押、低利息、高额度。基本与银行基准利率持平的成本,却能一次性地解决上百万的资金需求。这几点优势恰恰解决了中小企业向银行借贷时所遭遇的尴尬。考虑到全国的4200万中小企业巨大的市场需求,相信最终能给借贷双方带来双赢的效果。

2.两种模式存在的缺陷

首先,信托债权基金无集中统一的托管方。债权债务人均在一定地

① 胡星斗:《集合债券的创新效应》,《新经济导刊》,2008年第3期。

域范围内，无独立第三方管理，不利于债权债务关系的厘清，易出现偿付关系的紊乱。同时，资金安全性不足，存在道德风险和机制风险。

其次，信托债权基金缺乏流动机制，没有统一的流通市场和流通平台。产品只在区域范围内发行，这使得信托产品除了极少数非公开的撮合交易之外，几乎只能在产品到期后坐等信托财产的交付，投资者因此即使知道在此过程中形成了风险，也不能对自己的风险判断采取任何规避、出售行动，而对风险无能为力。而同时，由于产品没有标准化，也在主观层面给产品的交易流通带来了困难。

再次，信托债权基金认购主体较为单一有限。信托债权基金中地方财政资金认购比例较大，由于财政资金有限，对于部分财政实力较弱的地区可扩展空间不大。信托债权基金由于基于信托模式，可投资主体受限，如资金主力商业银行无法介入，因此认购主体主要依赖于社会资本。同时，信托债权基金由于面向地域范围内发售，同时又没有交易流通平台，因此，从始至终投资资金局限于一定地域范围之内，这对于社会资本较为薄弱的地区较为不利。

最后，韩国 P-CBO 模式中的流动性支持增信方式目前在我国效力不足。现我国已经有部分企业债采用商业银行流动性支持为增信方式，即如果由于发行主体出现了流动性困难，商业银行必须根据流动性支持协议为发行主体提供流动性支持，以保证其所发债券本息的如期偿付。但该流动性支持由于存在各种条件，投资主体多数认为该流动性支持在法律上的保证效力不足，因此从已发债券来看，该流动性支持增信方式尚无法得到市场投资主体的一致认可。

(二)我国中小企业债券创新结构设计

基于以上对韩国模式和西湖模式的优缺点的分析,对我国中小企业新融资模式的结构设计如下(见图2):

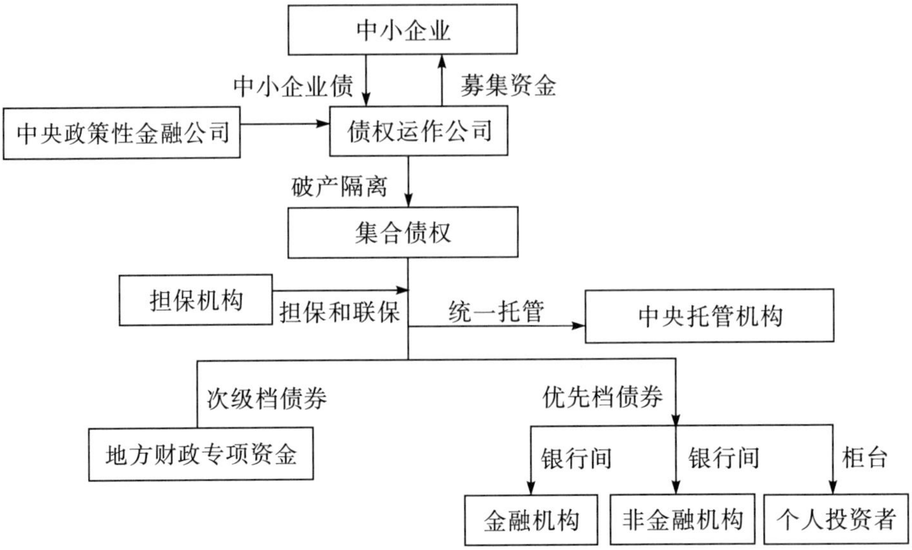

图2 我国中小企业债券创新结构设计

1.中小企业新融资模式的基础为债券模式

由于西湖模式信托债权基金以信托为依托,该模式限制了一批投资者的进入,如社会资金主力商业银行等。因此,本文中的结构设计将产品基础设定为债券模式,主要考虑到债券产品的市场准入标准较宽,目前市场绝大多数资金均可以投资债券市场。

2.结构设计中强调了集中统一的托管方

此设计的目的一是为创造良好的中小企业债券市场秩序和市场环境,保证中小企业债券融资债权债务关系的清晰明确;二是为保证中小企业债券投资者的资金安全;三是为中小企业债券创造统一的流通市场,加强中小企业债券的流动性，保证中小企业债券市场的持久发展和中小企业融资的可持续性。

3.加强了中央财政对中小企业融资的撬动作用，同时发挥地方政府中小企业专项资金的支持作用

该结构中设计了政策性金融公司以及政策性债权运作公司，作为投资者和中小企业的隔离，在一定程度上对中小企业债券投资者的资金安全性起到了一定的保护作用。同时，债权运作公司向社会发售的债券中部分由地方政府的中小企业专项资金认购，且认购的部分作为该集合债券的次级档部分，此做法间接提升了债券优先档的偿还率，增强了优先档债券对社会资本的吸引力，充分发挥了地方财政对中小企业融资的带动作用。

4.将韩国模式 P-CBO 模式中的商业银行流动性支持增信方式转变为传统的担保、联保和反担保模式

使得增信方式对于我国债券市场投资者更有效。由于中小企业集合债券的发行量较大，仅由一家担保公司进行担保，无疑会对专业担保公司造成沉重的压力，因而可采取由几家担保公司联合担保的方式，从而减轻由一家公司全部承担担保责任而带来的压力，也更具有可操作性。同时关注市场变化，视市场认可情况逐步创新担保增信方式。

5.流通场所扩大至柜台

对于社会资本如个人投资者资金难以直接进入银行间市场购买中小企业债券，可将创新中小企业债券的流通场所扩展至商业银行柜台市场，同时对个人投资者加强风险提示和风险教育，并从风险承受能力出发对购买此类产品的个人投资者设立较高的准入门槛。

（三）中小企业债券市场配套设施建设

1.加强中小企业信息披露机制建设

精细化建设中小企业信用信息库，建立方便快捷的发行人信息查询渠道，同时监管层必须对信息披露的真实性和及时性进行严格的规范和控制，确保投资者可获得信息的完整性和可靠性。此外，目前我们已有的信用类债券市场在信息披露方面也有待进一步提高，只有现有信用债券市场得到了规范，能起到带头和标杆作用，中小企业债券市场才能顺利建立和成长。

2.完善中小企业信用评级制度和体系，规范资信评级机构

首先，确保发行主体公布客观公允的资产价值，保证财务信息真实、准确和完整。其次，改革和完善目前的评级体制，加强对评级机构的监管。规范资信评级机构，允许和鼓励评级机构向机构投资者有偿提供评级资料和信息，建立评级"卖方"市场，消除评级中的"寻租"现象。[①]

3.坚持市场化取向

这是中小企业短期融资券市场发展的最根本原则，这需要融资券市场主管当局在以下方面进行市场化变革。一是在市场准入上，要坚持弱化行政干预，并把风险识别和风险承担的职责交给投资者，把信息披露的职责交给专业资信评级机构和中介服务机构；[②]二是在发行方式上，采用招标发行方式，核心原则是通过市场化方式定价，消除价格管制和发行环节的黑箱操作，逐步实现债券价格与债券信用直接挂钩；三是建立市场退出机制，这是维持信用类债券市场运作效率的一项根本制度，是完善的市

---

① 孙建华：《浅议中小企业发行短期融资券》，《财会研究》，2009 年第 2 期。

② 金丹、张国亮：《对发展中小企业集合债券的思考》，《中州学刊》，2009 年第 3 期。

场中不可或缺的。

4.在加强有效监管条件下,使参与主体多样化

加快证券公司、证券投资基金、财务公司、租赁公司和民间金融公司等非风险规避型非银行金融机构进入中小企业债券市场的进程。对于风险承受能力较高的个人投资者,可以在风险教育的前提下通过基金、委托理财等形式进入中小企业债券市场,使债券市场投资主体具备丰富的风险承受能力层级。

参考文献:

1.国家发展和改革委员会宏观经济研究院.金融危机影响下中国宏观经济走势及其对策[R],中国经济信息网.

2.胡星斗.集合债券的创新效应[J].新经济导刊,2008(3).

3.金丹,张国亮.对发展中小企业集合债券的思考[J].中州学刊,2009(3).

4.李战杰.韩国中小企业债券融资模式研究及对我国的启示[J].中央财经大学学报,2009(3).

5.首个小企业集合信托债权基金深度调查[J].中国财经报,2009(3).

6.孙建华.浅议中小企业发行短期融资券[J].财会研究,2009(2).

7.汤喆.当前集合信托债权基金是中小企业新融资方式[J].中国经贸,2009(7).

8.小企业集合信托债权基金简介[J].中国金融家,2009(4).

9.王光宇.亚洲金融危机十年——总结与反思[J].银行家,2007(7).

10.院美芬.中小企业集合债券的信用关系研究[J].经济研究导刊,2009(13).

11.2005.Korea Fixed Income Research Institute, 2005: 1 - 58.

12.Financial Supervisory Service (FSS). ABS Market of Korea in 2001,2002 .

13.Gyutaeg Oh. Experience of Newly Industrialized Economies in Securitization:Korea .

14.Gyutaeg Oh. Risk Management in ABS Markets Case Study: Korea Korea Fixed Income Research Institute, 2005: 1 - 48.

国外债券市场做市商与承销商机制关系初探

谭敏婕

摘　要:做市商是指在债券市场上具备一定实力和信誉的债券经营法人,不断向投资者报出某些特定债券的买入价和卖出价,并在所报价位上接受公众买卖要求,通过连续买卖方式维持市场必要的流动性,活跃二级市场。

承销商对于所承销的债券进行做市具有天然的优势,并且维持其流动性也能促进承销业务的发展。建立对债券做市商的激励机制,其中最重要的就是建立承销资格和做市表现二者的联系,良好的做市表现是提升承销商实力的必要条件。

我国银行间债券市场于2001年开始实施做市商制度,由做市商提供买卖双方报价随时准备交易,提高市场流动性。尽管目前我国的做市商制度还面临许多问题,但随着债券市场的进一步发展,做市商制度也在不断发展。基于此,本文研究国外债券市场做市商与承销商机制之间的关系,希望能够为我国完善和发展债券做市商制度提供帮助。

关键词:做市商机制　承销商　做市商与承销商关系

第一章 绪 论

（一）论文的研究背景及研究意义

做市商是指在证券市场上具备一定实力和信誉的证券经营法人，不断向投资者报出某些特定证券的买入价和卖出价，并在所报价位上接受公众买卖要求，保证及时成交，通过上述连续买卖方式维持市场必要的流动性。做市商的报价机制具有迅速纠错和信息传导的功能。竞争性做市商制度具有更高的市场效率，可以稳定市场。

做市商是活跃二级市场的主要力量。对于债券市场而言，做市商作为连接债券买卖双方的中介机构，是债券流通转让的市场实现条件，也是市场发育成熟以至正常运行的关键。尽管目前我国的做市商制度还面临许多问题，但随着债券市场的进一步发展，做市商制度也在不断发展。

在国外，一般债券市场的一级承销商同时也是二级市场的做市商，在二级市场上提供买卖的双边报价，保持债券的流动性。债券承销商及市场一级交易商从表现好的做市商中选拔，根据绩效评价和激励措施给做市的承销商优先开展新业务的权利。债券做市交易员通常会向承销人员提供二级市场价格，推进债券发行利率的市场化定价，从而规范发行市场秩序。做市表现是承销商选择的重要参考标准，这有利于增强做市商资格的吸引力。另外，做市商在做市过程中产生的各种交易成本，也被考虑给予一定的减免。

承销商对于所承销的债券进行做市具有天然的优势，并且维持其流动性也能促进其承销业务的发展。建立对债券做市商的激励机制，其中最重要的就是建立国债承销资格和做市表现二者的联系，良好的做市表现是取得国债承销商资格的必要条件。

从国外市场来看，做市商地位的确立是通过金融机构之间的竞争由市场来决定的。金融机构开展债券承销业务，将会接受更多的买卖意向，增强其在市场上的做市行为；而做市行为反过来又促进承销业务的活跃，承销业务和做市行为相互促进。承销业务本身也是做市商的利润来源之一，做市商不开展承销业务，将会失去固有的市场优势，不能及时提供融券和承销便利。做市商也必须保持一定的债券库存，这样才能保证及时满足客户买入债券的需求。充足的债券储备是做市商顺利进行做市业务、提供双向报价的一个必要条件。当做市商的债券不足时，需要有畅通的渠道来融入债券，除了可在市场上通过自营业务解决此需求外，应允许做市商在债券承销方面享有一定的便利。

在我国，人民银行于2000年4月30日发布《全国银行间债券市场债券交易管理办法》中首次提出了“双边报价商”概念。2001年4月6日发布的《中国人民银行关于规范和支持银行间债券市场双边报价业务有关问题的通知》中详细规定了申请成为全国银行间债券市场双边报价商的必要条件。同年8月，人民银行批准9家商业银行为双边报价商，构建了初步意义上中国债券做市商制度。

目前我国债券市场做市商数量有限，积极性、主动性不强，难以满足市场要求。我国的债券做市商产生于一级交易商和承销商队伍中，而且数量大大少于一级交易商或承销商，做市商在不享受任何政策优惠的情况下却要承担真实连续报价义务，这就不可避免地影响了做市商的积极性与主动性，致使做市商的价格发现功能不强。

当债券品种单一时，做市商难以有效地分散风险。国外做市商制度是在市场十分活跃和交易品种、交易工具极度丰富的前提下建立的，而我国的情况则大不相同。目前我国银行间债券市场参加交易的主体性质和偏好趋同，无法形成有效的供求、买卖关系，宏观经济政策的取向要求有做市商来提高债券市场的流动性，引入做市商制度，由做市商提供买卖双方报价随时准备交易，从而提高市场的流动性。在我国银行间债券市场引入做市商制度是很有必要的。

在此背景下，本文研究国外债券市场做市商与承销商机制之间的关系，希望能够为我国的债券市场发展提供帮助。

（二）国内外文献研究综述

1.研究综述

王建国在《欧洲国债市场做市商制度及其对我国的借鉴》文中考察了欧洲债券的做市商制度，指出近年来随着欧洲债券市场的整合，其市场结构发生了显著的变化，突出表现为做市商制度，以欧洲主要的债券交易平台——MTS 为重点详细考察了欧洲国债市场的交易机制和做市商制度，分析了其对我国债券市场完善的借鉴意义。

徐静（2011）在《做市商制度对我国银行间债券市场发展的作用和对策》中立足于中国国情，运用中国开始实行双边报价商制度直到现在五年多来的有关情况，探讨做市商制度对我国银行间债券市场的推进作用，并通过分析提出完善银行间债券市场做市商制度的对策建议。

秦冬杰（2004）在《论我国债券市场做市商制度的发展》文中指出做市商作为连接债券买卖双方的中介机构，是债券流通转让的市场实现条件，也是市场发育成熟以至正常运行的关键。尽管目前我国的做市商制度面临许多问题,但随着债券市场的进一步发展,我们必须克服困难促进做市商制度的发展。

乐永强在《试论美国证券市场的做市商制度及启示》中提出证券交易制度是影响证券市场资源配置功能发挥的内生变量。美国的做市商制度作为一种重要的证券交易制度,在证券交易中发挥着重要的作用。在不同的市场,做市商制度的应用也是不一样的。譬如作为全球最大的两家证券交易市场 NYSE 和 NASDAQ,其做市商制度就存在着很大的差别。试图通过对它们的比较分析,为我国引进做市商制度时提供一定的借鉴价值,通过做市商在市场上主动“造市”刺激市场,这对我国目前具有现实意义。

胡伟业在《银行间债券市场做市商制度研究》中指出银行间债券市场是连接我国货币市场与资本市场的桥梁。由于做市商的缺位,造成了该市场的流动性偏低,交易不连续等问题。该文对做市商制度在我国银行间债券市场存在的必要性和可行性以及做市商主体构成进行了探讨,并对如何促进我国银行间债券市场做市商制度的发展提出了相应的措施。

李远航等(2011)《中美债券市场制度的国际比较及其启示》文中提到近年来我国债券市场日益发展壮大,债券发行数量和品种大幅增加,债券市场交易日趋活跃,有力助推了多层次资本市场的建立。但中美债券市场制度的比较结果显示,我国债券市场在制度设计上存在做市商制度发挥不充分、债券市场监管权力分割、信息披露制度执行不力、信用评级体系建设滞后等问题。通过完善做市商准入与考评体系、重塑债券市场监管体系、健全信息披露法律法规等措施,能有效破除我国债券市场发展的制度性障碍,促进其长远健康发展。

2.基本研究现状

目前,学者多对欧美国家债券市场做市商机制进行研究,立足于我国债券市场,提出引入做市商制度的必要性;对比目前运行状况,指出我国债券市场做市商机制存在的问题和不足,并提供有针对性的政策建议。对比承销商机制,指出二者之间的区别、联系及相互促进关系。

(三)研究方法

本文采用文献调查法分别对美国、英国债券市场做市商与承销商机制等发展现状进行分析叙述,发现两者之间关系。

(四)论文的结构及研究目标

1.研究目标

本论文的研究目标是在前人对美国和英国债券市场做市商、承销商机制研究基础上对两者发展现状进行深入分析,辩证地看待两者关系,认为做市商和承销商之间既有区别又相互联系,各有特色,又不可或缺。初步理清二者之间的关系,希望能够对我国债券市场的发展贡献绵薄之力。

2.主要研究内容

本文拟分为三个章节:

第 1 章　绪论

(一)论文的研究背景及研究意义

叙述当前对美国、英国债券市场做市商和承销商机制研究取得的主要理论成果。对文中涉及的主要概念如做市商、承销商机制等作解释。

(二)国内外文献研究综述

1.研究综述

2.基本研究现状

（三）研究方法

（四）论文的结构及研究目标

1.研究目标

2.主要研究内容

3.拟解决的关键问题

4.论文创新点

第二章　国外债券市场做市商和承销商机制研究

（一）国外债券市场做市商和承销商机制发展现状

1.做市商制度

（1）做市商制度的源起

（2）做市商制度的优越性

2.承销商机制

（二）美英两国债券市场做市商和承销商机制发展情况

1.美国债券市场做市商和承销商机制发展情况

（1）自愿做市机制

（2）义务做市机制

2.英国债券市场做市商和承销商机制发展情况

（三）关系初探

本部分将在（一）（二）部分情况分析的基础上对债券市场做市商、承销商机制之间的关系进行探讨和总结。

第三章　结论与建议

总结前述研究结果，并对我国债券市场做市商和承销商机制发展给出相关建议。

3.拟解决的关键问题

本论文拟解决的关键问题是:在前人研究文献的基础上更好地对国外债券市场做市商和承销商机制之间的关系进行初探。

4.论文创新点

在目前国内外债券市场做市商和承销商研究相关文献资料中尚未对二者关系进行探讨。本文选取美国和英国两个债券市场发达的国家对做市商和承销商关系进行初探,期望获得有益启示。

第二章　国外债券市场做市商和承销商机制研究

(一)国外债券市场做市商和承销商机制发展现状

1.做市商制度

发达国家债券市场之所以发展较快,主要得益于他们完善的做市商制度、市场化利率机制、丰富的债券品种以及多元的投资机构和个体。

(1)做市商制度的源起

做市商制度起源于20世纪的英国,最初是由英国的股票批发商制度演变而来的,后来为美国所借鉴,成为证券场外交易市场的主要交易方式。1971年成立的纳斯达克(NASDAQ),就是以做市商为核心交易机制的证券交易市场。使用做市商报价驱动制度的市场主要是美国的纳斯达克(NASDAQ)市场和英国国内股票市场与国际股票市场。从美国纳斯达克(NASDAQ)的经验来看,做市商制度最大的作用就是有利于保持市场的流动性以及维持价格的稳定性,因此,适用于风险大、流动性不足的证券市场。而作为世界上规模最大的纽约证券交易所(NYSE)也借鉴了做市商的做法,对部分股票采取了专家制度。可以说,做市商制度在证券交易市场中正起着越来越重要的作用。

做市商是指在证券市场上具备一定实力和信誉度的证券经营法人,这些经营法人在其愿意的水平上不断向交易者报出某些特定证券的买入价和卖出价,并在所报价位上接受公众或其他交易商的买卖要求保证及时成交。做市商作为连接债券买卖双方的中介机构,也是债券流通转让的市场实现条件,同时是市场发育成熟以至正常运行的关键。通过连续买卖,保证及时成交,维持市场必要的流动性,是活跃二级市场的主要力量。

在一定监管体系下,做市商持有某些证券的存货,并以此承担维持这些证券双向买卖交易的一种制度。做市商制度在发达证券市场已有30多年的历史,是发达证券市场必备的制度,已被许多成熟证券市场广泛采用。例如美国的NASDAQ就将全美各地6000多个做市商联系起来,迅速提供在各地场外市场交易的近7000种股票和债券的买价和卖价,并提供统一的清算与监控。做市商制度在证券市场所起的作用已得到业界的普遍认同。

(2)做市商制度的优越性

做市商制度具有活跃交易、稳定市场的功能,依靠其公开、有序、竞争性的报价驱动机制,能够保障证券交易规范和高效进行。它是证券市场发展到一定阶段的必然产物,也是提高市场流动性、稳定市场运行以及规范市场发展的有效手段。做市商地位的确立是通过金融机构之间的竞争,由市场来决定的。

由于做市商做市的主要目的并不是通过价格的变化来获利,而且在每个交易日，做市商做市活动中的买卖数额实际上不可能正好相等，因此做市商除了需要有一定量的债券库存和备用资金外，还必须能够在市场上做自营交易，包括做市商之间进行的交易，以平补库存债券或备用资金的余缺，并由其自担价格风险和获取价格变动收益。

做市商一般由投资银行充当。投资银行通常将一级市场业务作为其业务的重点，而二级市场实际上是一级市场的延伸。因此，投资银行充当做市商，可以在二级市场能动地创造流动性，并积极地为其一级市场的业务提供支持。

对于债券市场而言，做市商是由具备一定实力和信誉的债券经营法人作为特许交易商，不断地向公众投资者报出某些特定债券的买卖价格，双向报价并在该价位上接受公众投资者的买卖要求，以其自有资金和债券与投资者进行债券交易。做市商通过这种不断买卖来维持市场的流动性，满足公众投资者的投资需求；也可以通过买卖报价的适当差额来补偿所提供服务的成本费用，实现一定利润。

做市商制度对于债券市场的重要意义在于做市商所承担的做市职能可以保证债券市场的流通性和维持市场的稳定性，尽管透明性、流动性、波动性以及交易成本等都是影响债券市场发展的重要指标，但实际上一个市场是否有效而稳定，在很大程度上取决于其流动性。因为市场流动性会影响市场价格使其不确定，这种不确定性从本质上来说使得市场价格不能反映所有可以获得的信息，也会使得市场价格暂时偏离市场结清的均衡价格，并最终影响市场的效率。增加流动性可以降低流动性溢价，从而降低市场价格的不确定性，最终改进市场效率，优化资金和风险的配置。

债券场外交易几乎天然地跟做市商制度联系在一起。对于债券市场采用做市商制度的优越性可以归结为以下五点：

一是，债券市场一般组织形式较为松散，适合采用灵活性较高的做市商制度，而不宜采用对规范化、集中化程度要求严格的竞价交易。债券市场一般都是机构投资者，进行大宗交易，竞价撮合往往难以找到交易对手，而做市商的存在则能确保交易在短时间内迅速完成，从而保证交易的连贯性和平稳性，不至于引起价格大幅波动。

二是，债券交易的种类繁多，某些债券成交清淡，流动性很差，往往买卖指令不均衡，难以找到交易对手，不适合进行连续竞价。而做市商的存在则能保证马上成交，为市场提供良好的流动性保障。

三是，债券价格很大程度受宏观变量影响，当这些变量发生变化时，市场极易出现只有一边倒的买盘或卖盘，形成单边市乃至市场恐慌，此时做市商有责任出面干预，避免市场流动性的丧失。

四是，做市商制度提供了一个有效的流动市场，确保了交易流动的连续性。投资者在二级市场上通过指令买卖债券时，必须找到准备卖出或买入的交易对方，而且数量与价格必须合适，才能成交。做市商的作用就是在各种市场条件下提供连续的双向报价，避免市场指令的执行风险。显然这对于交易量小、不活跃的公司债券具有重要意义；而对于交易量大的债券，做市商也有着不可忽视的作用，特别是能够大大缩短机构投资者大宗买卖某种证券的成交时间。

五是，做市商制度有利于减缓价格波动，使债券价格保持一定的连续性。做市商制度可以有效地使供求关系的不确定变量在一定时间内保持相对稳定。此外，交易所禁止做市商在价格大幅度下跌时抛售和大幅度上涨时收购，如果出现过大的出卖压力，做市商有义务充当购买方，以防止价格大幅度下跌，反之亦然。

做市商制度在债券市场的实效已通过发达国家多年的历史实践证明，在推动债券市场发展方面是行之有效的。

2.承销商机制

在债券初级市场中，承销商作为连接发行企业和外部投资者之间的桥梁，其发挥着以下两个方面的基本功能：

首先，对于发行企业自身，一定会在自我承销与通过承销商中介来发行债券中做出选择。从成本角度出发，企业自身承销所花费的成本往往大于通过承销商发行的成本。承销商这种成本的优势源于市场分工与专业化。如果发行企业自身想做自我承销的话，那么企业必须要建立自己的发行机构，势必会产生相关的发行成本。按照规律，如果发行次数越多，那么在每次发行中所分摊的固定成本应该会越少。但是，对于大多数企业而言，并不需要多次发行，因而其自我承担的固定成本极高。相比较而言，承销商以证券承销为主营业务，能够获得规模经济优势。从专业化这个角度来看，承销商会组建一个高度专业化的团队进行发行企业的财务调查、发行定价以及分析宏观经济和行业形势等，最大限度地降低债券发行过程中的发行风险及诉讼风险。更为关键的是，债券市场中的众多机构投资者均与承销商建立了相关联系，这更有利于降低债券发行中寻找潜在投资者的成本。另外，承销商会经常利用其在全国各地分支机构的销售网络来发售证券。

其次，承销商是信息的生产者。承销商作为专门的金融中介，连接了发行企业和投资者。但是，信息不对称现象普遍存在于首次公开发行市场中。发行企业拥有关于自身企业各方面的全面信息，而投资者却无法了解它们的真实信息。如果投资者要去搜寻并获取这些信息就需要花费相应的成本，比如投资者需要具有专业能力对信息进行收集、筛选、加工处理等等，因而削弱了投资者尤其是普通投资者获取信息的积极性。而承销商作为独立第三方可以缓解信息不对称，因为承销商不管是在专业程度，还是在关系资源上都具有优势。

最后，承销商是债券市场的认证中介。发行企业选择雇佣承销商的另外一个目的是希望能够通过独立第三方能够证明其发行价格与内在价值的一致性。如果发行企业可以毫无成本地传递给外部投资者其内部私有信息，那么发行企业和外部投资者之间就不会存在信息不对称问题，以及由此造成的“逆向选择”。从另一个角度看，即使发行企业自身对外宣布的发行价格与其内在投资价值一致，外部投资者也可能认为发行企业有通过包装和欺骗来谋取利益的动机，因而并不能完全解决“逆向选择”问题。因此，发行企业也必须引入双方均认可的第三方来使外部投资者选择信任自己，并投资。通过承销商的证明，发行价格也能更加客观真实地反映该企业的内在价值。

（二）美英两国债券市场做市商和承销商机制发展情况

1.美国债券市场做市商和承销商机制发展情况

1971 年美国全国证券协会建立证券交易自动报价系统，一些实力雄厚、信誉优良的金融机构经批准获得做市商资格后，依照上述程序进行债券交易。经过 30 多年的发展，做市商制度已被国际债券市场广泛采用，成为一种通行的债券流通市场运作机制。美国 NASDAQ 系统将全国各地做市商联系起来，可迅速提供在各地场外交易的债券和股票的买价和卖价,并提供统一的清算与监控。

美国的场外债券交易市场不是一种常设的市场,而是一个债券交易商联络网,它没有 NASDAQ 市场那样的集中报价系统,主要由做市商通过各自的报价系统向公众提供报价,而做市商之间的交易主要通过政府债券经纪商来完成。

美联储规定,由其认可的一级交易商必须对所有可交易国债进行双边报价,为市场提供充足的流动性,并将二级市场做市好坏作为考核一级交易商的重要指标。

(1)自愿做市机制

美国全国交易商协会 5000 多家会员中,2000 多家注册为国债交易商,对美国国债进行自愿做市。国债交易商自愿进行双边报价时,报价价差和报价数量等不受限制,可以根据市场情况随时调整。但由于美国国债市场是一个流动性好且高度竞争的市场,国债交易商为扩大客户群,赚取买卖差价,都会积极报价,且报价具有一定的竞争性和数量规模。同时,由于二级市场做市好坏是评价一级交易商的重要参考指标,那些希望成为一级交易商的国债交易商会非常积极地做市,与一级交易商共同构成国债做市商的主体。此外,国债交易商报价还受相关规则的制约,一旦报价就有法律约束力,客户点击或询价委托时,国债交易商必须按照报价或更优价格与其成交,以保护投资者的合法权益。国债交易商做市的最大风险是存货风险,为使债券头寸快速恢复到合意水平,国债交易商除了通过调整买卖报价吸引客户委托流外,还大量通过与其他交易商进行大额交易来调整存货。但投资者无法获得市场最优报价,这就使得国债交易商较一般投资者具有较强的信息优势,有利于其根据市场变化及时调整买卖报价，为国债交易商做市提供了便利。

（2）义务做市机制

美国国债市场上，由美联储认可的一级交易商是国债义务做市商，承担对所有可交易国债积极做市的义务，为市场提供充足的流动性。纽约联邦储备银行对一级交易商的做市行为进行严格考核。首先，必须保证报价合理、准确；其次，必须具有一定的投资者基础，可以满足投资者交易需求。一级交易商的国债交易量必须与其国债承销量相匹配，大量承销国债后直接持有到期的机构只是投资者，不适合做一级交易商。纽约联邦储备银行每天面向一级交易商进行债券借贷招标，为其提供融券便利。一般来说，一级交易商的融券需求都能通过回购市场满足，向纽联储进行债券借贷只是最后的融券保障，但这为一级交易商积极做市、合理安排存货等起了很大的作用。财政部为鼓励一级交易商做市也采取了很多措施：

首先，1992年以前，只有一级交易商可以参加国债发行和招投标，赋予其直接承销国债的便利。但索罗门事件发生后，财政部和美联储共同开发了新一代远程招标系统，所有投资者（包括个人）都可以直接参加国债招投标。其次，一级交易商具有优先开展新业务的权利。1985年财政部启动本息拆离计划时，只有一级交易商可以参加。目前，所有国债交易商都可以从事国债的本息拆离业务。从交易伙伴关系出发，纽约联邦储备银行对一级交易商每年重新考核一次，对不符合资本充足要求、国债发行和公开市场操作中投标不积极、二级市场做市能力差的机构将暂停其一级交易商资格6个月，并要求其提出切实可行的整改措施以在规定时间内达到相关要求，否则将取消其一级交易商资格，且一年内不再重新受理其申请。对存在违规行为、受到监管部门处罚的机构，纽约联邦储备银行在征求监管部门意见后可以永久取消其一级交易商资格。

美国债券市场基本上不受美国政府控制，任何证券公司都可以被选为市场报价人。但是实际上纽约联邦储备银行已经选定了一些银行和公司作为一级承销商，它们必须每天向联邦储备银行汇报它们当天的交易头寸和交易活动；联邦储备银行一旦要在市场上买卖债券时，通常也通过一级承销商进行，它们之间的交易是二级市场的核心。

2.英国债券市场做市商和承销商机制发展情况

英国债券市场的运作以一级交易商机制为基础。英国竞争性拍卖方式类似于美国，由金边债券做市商作为一级市场的中介出现，拍卖时，需要为所有金边债券——指数债券、远期利率债券等给出竞争性叫买价，并确定连续有效的双向价格。此外，还要向债务管理局提供市场信息。金边债券做市商必须是伦敦证交所成员，金边债券做市商可享受如下权利：在金边债券招标和增发中享有独占的参与竞争性电话投标权利，通过金边债券做市商的自有账户或代表客户，在所有招标中享有参与独占的非竞争性招标分配权利；通过英国国债管理局的交易屏幕进行交易或转换债券的独有设施；对债券进行本息剥离或重组的独占工具；参加英国国债管理局的季度会议并对招标发行的时间表提出建议。此外，英国国债管理局为市场管理的目的而进行的任何操作都通过金边债券做市商进行。

同时，金边债券做市商还必须承担大量的做市义务，主要包括：金边债券做市商有义务积极参与金边债券的发行；为所有金边债券——指数债券、远期利率债券等给出竞争性叫卖价，并提供连续有效的双向价格；向英国国债管理局提供市场信息等，都旨在提高做市商市场间的流动性进而促进整个二级市场的发展。

欧元诞生后，欧元区各国发行体国家致力于各国发行体与国债交易商自发达成自律性流动协议，发行体承诺提高国债发行政策的透明度，并保证一定的发行数量，而国债交易商则为此承担二级市场连续报价的义务。这些措施对于提高欧元区国债二级市场的市场流动性，起到了重要作用。

发展一个高流动性、高效率的债券市场一直是英国政府追求的目标。除了新工具的推出、发行技术的创新、基准债券的发行、债券市场的结构性整合等措施外，英国国债管理局还将做市商制度的发展作为市场的基础。

（三）关系初探

债券的承销商和做市商这两种机制在各自产生过程、定义、角色等方面存在诸多不同，这是由他们的产生方式、背景不同所造成的，在上述章节中也提到了各自的功能及作用。但是，二者又在市场运行过程中不可避免地存在交集，相互依托、不可或缺。

在国外，债券的一级承销商同时也是二级市场的做市商，在二级市场上提供买卖的双边报价，保持债券的流动性。债券承销商及市场一级交易商从表现好的做市商当中选拔，根据绩效评价和激励措施给做市的承销商优先开展新业务的权利。

从国外市场来看，做市商地位的确立是通过金融机构之间的竞争，由市场来决定的。

开展承销业务，将会接受更多的买卖意向，增强其在市场上的做市行为；而做市行为反过来又促进其承销业务的活跃，承销业务和做市行为相互促进。承销业务本身也是做市商的利润来源之一,做市商不开展承销业务,将会失去固有的市场优势,不能提供融券和承销便利。做市商应保持有一定的债券库存,才可保证及时满足客户买入证券的需求,充足的债券储备是做市商顺利进行做市业务、提供双向报价的一个必要条件。当做市商的债券不足时,要有畅通的渠道来融入债券,除了可在市场上通过自营业务解决此需求外,应允许做市商在债券承销方面享有一定的便利。

承销商资格价值将做市表现作为承销商选择的重要参考标准,有利于增强做市商资格的吸引力。另外,做市商在做市过程中所产生的各种交易成本,也被考虑给予一定的减免。承销商对于所承销的债券进行做市具有天然的优势,并且维持其流动性也能促进其承销业务的发展。建立对债券做市商的激励机制,其中最重要的就是建立承销资格和做市表现二者的联系,良好的做市表现是取得承销商资格的必要条件。

债券做市交易员通常会向承销人员提供二级市场价格,有助于推进债券发行利率的市场化定价,从而规范发行市场的秩序。

第三章　结论与建议

起源于西方国家的做市商交易制度延续至今已经有几百年的历史,至今在国际金融市场上,为各类大宗商品与货币型金融产品提供交易流通性的主要交易制度就是做市商交易制度。发挥着活跃市场、稳定市场的重要作用。做市商的报价有助于推动债券价格形成机制,在供需平衡中达到均衡,完善债券收益率曲线,最终带动整个债券市场甚至其他金融市场的利率市场化水平。与此同时,在产品创新方面,做市商也发挥着重要作用。做市业务也是化解风险的一种手段，做市报价能密切反映市场走势，对日常策略性交易提供参考。在做市过程中遭到同业点击而被动成交，其实可以转化为对市场走势的提示和思考。一旦做市报价被频繁点击成交就需要调整报价，从而及时规避市场风险。

做市商是经营债券批发零售业务的机构，是经销商。要增加银行间债券市场的流动性和透明度，商业银行应该是银行间债券市场做市商的最基本主体之一。从国外市场来看，做市商地位的确立是通过金融机构之间的竞争，由市场来决定的。

在我国，人民银行于2000年4月30日发布《全国银行间债券市场债券交易管理办法》中首次提出了“双边报价商”概念。2001年4月6日发布的《中国人民银行关于规范和支持银行间债券市场双边报价业务有关问题的通知》中详细规定了申请成为全国银行间债券市场双边报价商的必要条件。同年8月，人民银行批准9家商业银行为双边报价商，构建了初步意义上的中国债券做市商制度。

目前我国债券市场做市商数量有限，积极性、主动性不强，难以满足市场要求。我国的债券做市商产生于一级交易商和承销商队伍中，而且数量大大少于一级交易商或承销商数量，做市商在不享受任何政策优惠的情况下却要承担真实连续报价义务，这就不可避免地影响了做市商的积极性与主动性，致使做市商的价格发现功能不强。

当债券品种单一时，做市商难以有效地分散风险。国外债券市场做市商制度是在市场十分活跃和交易品种、交易工具极度丰富的前提下建立的，而我国的情况则大不相同。目前我国银行间债券市场参加交易的主体性质和偏好趋同，无法形成有效的供求、买卖关系，宏观经济政策的取向要求有做市商来提高债券市场的流动性，引入做市商制度，由做市商提供买卖双方报价随时准备交易，从而提高市场的流动性。在我国银行间债券市场引入做市商制度很有必要。

债券市场做市商制度对债券市场质量有重要影响。做市商制度作为我国银行间债券市场交易的基础性制度，其公开、有序、竞争性的报价驱动机制能有效降低投资者的信息搜寻成本。保障市场交易效率，提高市场流动性，促进市场价格发现和稳定市场运行。自2001年中国人民银行确定银行间债券市场做市商制度的基本框架以来，做市商制度在借鉴美国等发达国家经验的基础上，循序渐进、不断发展。

我国债券市场做市商作用发挥不充分，做市制度与市场环境脱节：

一是在市场准入方面，我国债券市场做市商准入门槛较高，导致我国实际的做市商数量偏少、结构单一。目前我国银行间债券市场做市商以商业银行为主，仅有少数几家证券公司，做市商制度所应具有的价格发现功能和债券市场稳定功能因做市商数量少、结构单一而得不到有效发挥。

二是在考核体系方面，我国目前仍没有一套行之有效的做市商考评制度，缺乏做市商考核、激励、淘汰机制。

三是做市商的政策扶持方面，我国做市商权利义务不对等，缺乏造市动力。美国做市商享有购买、配售债券的便利，为降低单边市场条件下做市商的持仓价格风险，美联储允许做市商享有融资融券的便利，并且在债券市场信息的发布和共享上拥有一定优先权。我国虽有一些扶持做市商的政策，但在实际执行中并未落到实处，一旦出现单边市场行情，买卖需求不能完全对冲，做市商将面临巨大的持仓价格风险，这些都挫伤了做市商做市的积极性和主动性。

（一）增加做市商数量，完善价格发现和稳定机制

可适当降低做市商准入门槛，将市场上交易活跃、资信较好的机构尤其是公开市场一级交易商，吸收进做市商队伍中来。从机构类型上看，除了商业银行之外，还应积极吸收基金、保险公司、券商等机构进入做市商行列，同时要增加市场报价券种和单一券种的做市商数量，从而在做市商中引入有效竞争机制，提高债券价格发现功能和市场稳定性。由此形成银行间债券市场的三层结构：第一层是央行和一级交易商之间的市场，通过这个市场，央行的货币政策操作意图传输到一级交易商中；第二层是一级交易商和其他做市商之间的市场，通过这个市场形成统一的、接近市场均衡水平的报价；第三层是做市商和其他一般交易者之间的市场，通过这个市场，一般交易者的交易意向通过做市商得到满足，做市商则根据市场的供求调整报价，且单个做市商可以通过与其他做市商之间的交易进行对冲，从而将压力分散到整个做市商群体中。

（二）健全做市商考评体系，形成有效的激励、淘汰机制

做市商做市的好坏应通过建立相应的做市考评体系来执行，这有助于债券市场管理者了解和掌握做市商的做市情况，全面反映出每个做市商的绝对和相对做市业绩并定期排出名次。同时做市考评体系与一级市场债券承销指标考核体系一起共同构成对债券承销团成员的综合考核。因此，一方面，应当按照《全国银行间债券市场债券做市商管理规定》加强自律组织监管职能，由银行间市场交易商协会定期对做市商的业务情况进行考评，然后由中国人民银行根据考评情况定期对名单进行调整，强化做市商激励和约束机制；另一方面，对做市商资格设立合理的挑选和淘汰机制，给予做市商更多的优先权和实质利益，这样才能吸引市场机构成为

做市商,激励其履行做市义务。相关主管部门应对做市商资格执行按年审定制度,对不合格的做市商取消其做市资格,筛选表现突出的市场成员为做市商,迫使做市商积极提供市场流动性,逐步树立做市商队伍的良好市场形象。

（三）加大做市商政策支持力度,增强做市商做市能力

实质性的优惠扶持政策包括:第一,提高做市商的政策地位,获得做市商资格的机构同时也是一级市场的承销商,对不是做市商的一般债券承销商应对其承销各种债券的金额作出限制性规定;第二,财政部应赋予做市商追加认购权或优先认购权,将国债承销业务向做市商倾斜;第三,中国人民银行应为做市商做市业务提供融资、融券的便利;第四,应赋予做市商债券购买以及融资融券的便利,对做市商在做市过程中所产生的营业税及其附加费用给予减免,从而增强做市商造市动力;第五,可借鉴国外经验尽早推出债券衍生产品如利率期货、债券远期等,为做市商实行有效风险管理提供对冲工具。此外,还可考虑在我国银行间债券市场做市商之间建立内部交易市场,从而熨平多余的债券头寸,达到控制风险的目的。只有这样,才能提高做市商的做市能力,使做市商之间报价价差进一步缩小,报价质量进一步改善,促进债券市场流动性持续提高和市场价格发现机制的不断改善。

尽管目前我国的做市商制度还面临许多问题,但随着债券市场的进一步发展,做市商制度也在不断发展。引入做市商制度,由做市商提供买卖双方报价随时准备交易,从而提高市场流动性,促进我国债券市场的大发展、大繁荣。

我国债券市场财务数据信息披露格式的问题及建议

赵　凌

摘　要：随着我国信用类债券市场的蓬勃发展，传统的信息披露格式（PDF）已经难以满足市场发展的需要。代表最新财务信息处理技术的可扩展商业报告语言—— XBRL 正逐步成为世界通用语言，在全球范围推广。本文通过对我国信用类债券市场信息披露现状的研究，总结了存在的问题，并结合美国、德国、日本及中国（证券市场）XBRL 技术的运用探讨，提出了 XBRL 技术在我国债券市场信息披露方面的应用建议。

关键词：信用类债券市场　信息披露格式　XBRL

一、研究意义

随着我国债券市场的快速发展，债券市场已经成为企业直接融资的重要渠道之一。截至 2008 年底，有 574 家企业通过发行企业债、中短期票据等方式在银行间债券市场融资。为了提早防范债务人可能出现的财务风险，保护债权人的利益，债券市场主管部门对债务人财务信息披露高度重视。根据粗略统计，2008 年债务人披露的财务数据已达 170 万个，平均每个新债务人披露的财务数据约3322个;后续披露的财务数据约1704个。如果再考虑今后中小企业集合债、高收益债券等新品种的创新探索,可以说财务数据信息披露电子化已经成为我国债券市场发展的关键问题之一。

目前,美国、德国、日本、中国(沪深交易所)以及其他国家的主管部门、机构投资者和证券交易所等都采用XBRL(Extensible Business Reporting Language,可扩展商业报告语言)解决发行人财务数据的信息披露问题。与传统的信息披露格式相比,XBRL具有自己独特的技术、应用优势。这些优势可以极大地促进财务信息披露的规范化、透明化和电子化,提高发行人和投资人在财务信息编报、传送和使用的效率和质量,降低社会信息采集成本,协助监管机构加强信息披露监管的及时性和有效性。本文通过对我国信用类债券市场信息披露的现状研究,总结了目前存在的问题,并结合美国、德国、日本及中国(证券市场)XBRL技术的运用探讨,提出了XBRL技术在我国债券市场信息披露方面的应用建议,这对进一步完善我国债券市场财务信息披露格式有一定的参考意义。

二、我国债券市场财务数据信息披露的现状及问题

(一)我国信用类债券市场发展情况

自1997年全国银行间债券市场成立后,人民币债券市场步入了健康快速发展的轨道。2002年以来,我国债券发行量平均每年增长55.37%。2008年,债券市场累计发行各类债券达7.02万亿元,是1997年发行量的18.95倍,如图1所示。

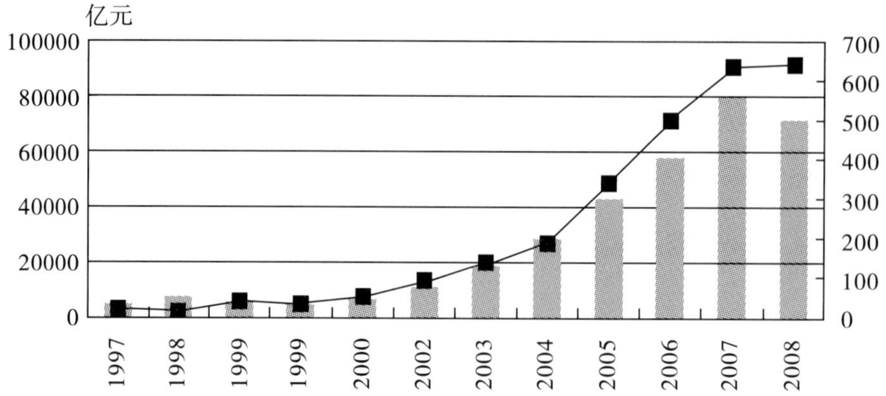

图 1　历年债券发行量增长情况

数据来源：中国债券信息网 www.chinabond.com.cn

尽管2008年金融危机使国内外面临严峻的经济环境，我国债券市场充分发挥了风险"避风港"的作用，保持快速发展势头。2008年12月末，在中央国债登记结算有限责任公司（简称"中央结算公司"）托管的债券共有1211只，比上年增加214只。人民币债券存量达15.11万亿元，比上年增加约2.77万亿元，增幅达22.51%。历年债券托管量增长情况见图2。

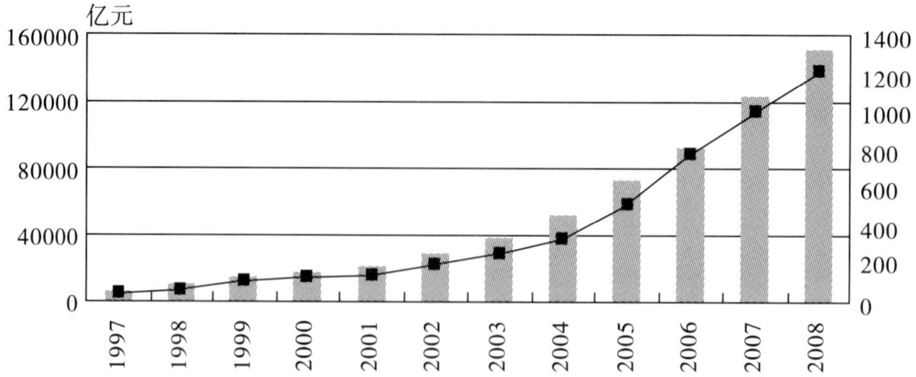

图 2　历年债券托管量增长情况

数据来源：中国债券信息网 www.chinabond.com.cn

伴随着我国债券市场的不断成熟与完善，其快速、便捷的融资方式引起越来越多企业的关注。为了提高企业的融资效率，扩宽融资渠道，我国主管部门采取多项措施加强信用债券市场发展。其中，国家发展改革委对企业债券发行核准程序进行改革，简化发行环节，为无担保信用债券发行提供了制度基础。2008 年 4 月 9 日，中国人民银行发布了《银行间债券市场非金融企业债务融资工具管理办法》，明确了由中国银行间交易商协会负责对债务融资工具进行注册，加强了债务融资工具的发行、交易和信息披露管理。4 月 15 日，银行间市场推出创新性债务融资工具——中期票据的推出，进一步扩宽企业融资渠道。根据中央结算公司的统计，截至 2008 年底，有 574 家企业通过发行企业债、中短期票据等方式在银行间债券市场融资，比上年同期增加 46 家，增长 12.67%，如图 3 所示。

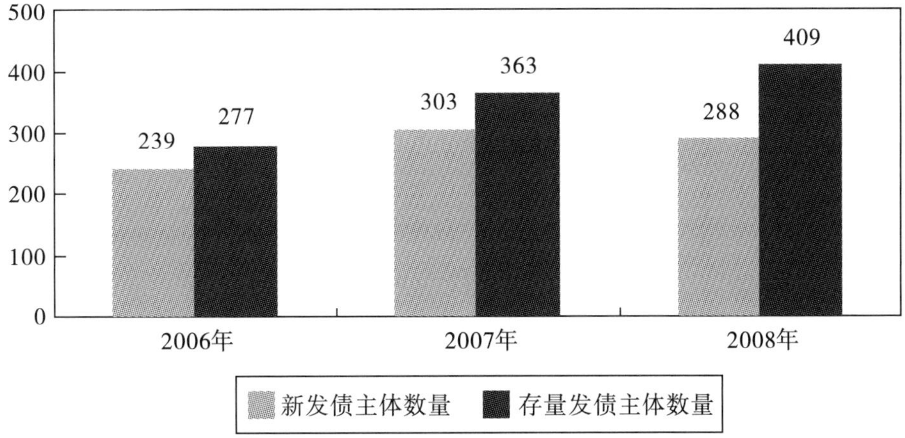

图 3　我国信用类债券新发债和存量发债主体数量统计

2008 年我国信用类债券的发行量和托管量创下了历史最高水平。其中，信用类债券的发行量达到 9711 亿元，比 2007 年增加了 3491.67 亿元，同比增长 56.14%；托管量达到 17478 亿元，比 2007 年提高了 6042.67

亿元,同比增长 52.84%,如图 4 所示。以上数字表明,银行间债券市场已经成为企业直接融资的重要渠道之一。

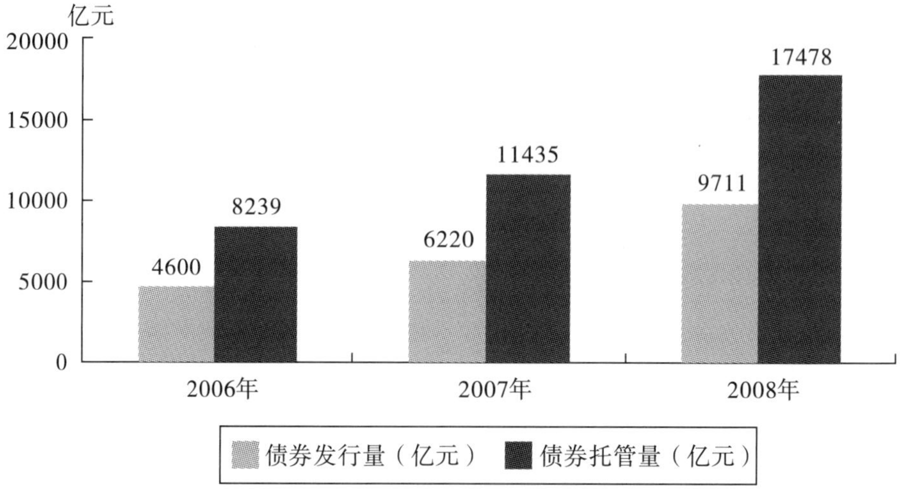

图 4　我国信用类债券历年发行量和托管量统计图

数据来源:中国债券信息网 www.chinabond.com.cn

(二)我国信用类债券市场发行人财务数据信息披露的现状

为了提早防范债务人可能出现的财务风险,保护债权人的利益,我国主管部门对债务人信息披露高度重视,尤其是对债务人的财务信息披露。笔者根据主管部门的相关规定,统计整理了 2008 年信用债发行人披露的财务数据。其中,新发债主体需要披露最近 3 年的财务报告及最近 1 期的财务报表,288 家发债主体共披露财务数据约 100 万个,平均每家新发债主体披露的财务数据约 3322 个。2008 年新发债企业披露的财务数据统计见表 1。

表 1 新发债主体财务数据披露数量统计表

报告类型	时间	频率	报表数量	涉及会计要素
财务报告	最近 3 年	每年	10	约 2172 个(724×3)
财务报表	最近一期	—	3	约 150 个
小 计			13	约 3322 个/发债主体
总 计			956736 个 (288 家×3322)	

数据来源:中国债券信息网,作者整理

从后续披露的角度看,主管部门要求发行人披露的财务数据包括上一年度的财务报告、审计报告以及本年度的财务报表,涉及报表数量 14 个。2008 年后续披露的发债主体共计 409 家,平均每个发债主体后续披露的财务数据约 1704 个,总计 70 万个。财务数据后续披露数量统计见表 2。

表 2 财务数据后续披露数量统计表

报告类型	时间	频率	报表数量	涉及会计要素
财务报告	上一年度	每年	10	约 724 个
审计报告	上一年度	每年	1	—
资产负债表	本年度	每季/半年	1	约 400 个(100×4)
利润表	本年度	每季/半年	1	约 304 个(76×4)
现金流量表	本年度	每季/半年	1	约 276(69×4)个
小 计			14	约 1704 个/发债主体
总 计				696936 个 (409 家×1704)

粗略统计,2008 年信用债券发行人披露的财务数据已经达到 170 万个。如果再考虑今后中小企业集合债、高收益债券等新品种的创新探索,可以说财务数据信息披露电子化已经成为我国债券市场发展的关键问题

之一。

(三)存在的问题

目前,发行人普遍采用 PDF(Portable Document Format)或 Word 文件格式进行信息披露。这种格式的优点是可以将文字、字型、格式、颜色等封装在一个文件中,具有较高的集成度和安全可靠性。对于读者而言,PDF 格式的文件还能任意调节文字大小,方便读者阅读。但在数据爆发的年代,现在采用的披露格式已经逐渐显现出以下几个方面的不足:

1.编制报表效率低下,准确性低。针对不同披露格式要求的财务报表(如 PDF,Word,HTML),债务人需要进行大量的人工操作制作、核对财务报表。人工操作的介入无疑会降低财务报表的准确性。

2.财务报表格式不统一,无法实现数据自动化采集。目前,债务人都是使用自己的财务软件编制财务报表,格式存在一定的差异,技术上无法按照一定的规则实现财务数据的自动化采集,也就无法开发相关的报表分析功能。

3.缺少数据检验功能。由于是人工制作的财务报表,计算机程序无法对数据进行自动化检验。

4.不支持大规模的数据搜索功能。投资者在使用财务报表进行财务分析的时候往往要在数十页甚至上百页的报表中寻找自己关心的几个数据,大半的时间浪费在数据检索。

5.不能满足统计分析的要求。基于财务数据计算的财务指标是反映企业生产经营活动和财务状况的重要参考指标。采用 PDF 或 Word 格式披露的财务数据只是文字格式,不能直接用来计算财务指标,投资者也就无法利用披露的财务数据更好地掌握债券发行人的财务状况。

6.民间信息商提供的财务数据准确性、权威性差。为了解决上述问题，一些民间信息商以人工录入的方式将 PDF 披露的财务数据采集到数据库并转化成电子格式进行财务数据的统计分析。但是，这种方式发布的财务信息的准确性、权威性和及时性都较差，投资者还需花费高额的费用购买信息终端。如果投资者自行开发系统，将导致数据的重复加工，信息共享效率低，社会成本较高。

三、解决财务数据信息披露格式的有效途径

无论是发债企业还是上市公司都存在财务数据信息披露的问题。目前，国内外监管部门和投资者普遍采用 XBRL（可扩展商业报告语言，eXtensible Business Reporting Language）解决财务数据信息披露问题，而且这项技术已经投入实际的应用中。

（一）XBRL 的背景介绍

XBRL 是一种用于交流商务和财务数据的语言，代表目前非结构化信息处理尤其是财务信息处理的最新标准和技术。它对每一个数据都定义了一个特有签，可以被计算机直接读取。企业的各种信息，特别是财务信息，都可以通过 XBRL 在计算机互联网上进行有效处理。XBRL 是一个开放的、平台独立的国际标准，由 XBRL 国际联合会（XBRL International），负责制定、发布 XBRL 标准并推动 XBRL 的国际化。XBRL 国际联合会现由 17 个正式地区组织、7 个临时地区组织和大约 250 个成员组成，其成员包括注册会计师协会、银行、交易所、IT 厂商和信息商等。2007 年 12 月 3 日，XBRL China - 中国地区组织在正式宣布成立，创始领导人包括主席应唯女士，副主席刘世平博士和秘书长王颖博士。

(二)XBRL 的优势

与传统的信息披露格式相比,XBRL 具有自己的独特优势,表现在技术和应用两个方面。从技术方面看,XBRL 给每个财务数据及与其他数据的联系定义的标签可以被计算机准确检索。投资者可以通过软件方便地查询需要的数据。其次,XBRL 数据可以实现跨平台的数据交换,支持在不同的操作系统(Windows,Unix,Linux)上使用。第三,XBRL 可以充分发挥互联网的优势,使财务信息得到有效、广泛的利用。第四,XBRL 标准是公开、免费的标准,任何财务人员都能在不同的软件平台上免费地交换财务分析信息,加快了 XBRL 的推广速度。

从应用角度看,XBRL 在财务报表的编制、监管部门加强市场监管以及使用者控制信用风险等方面发挥了重要作用。对于财务报表编制者而言,XBRL 技术可以节约编制者在报表制作期间用于整理、收集数据的劳动和时间,同时降低人工采集数据的风险。对于监管部门而言,可以利用 XBRL 技术建立企业财务数据库定期监测发债企业财务质量,加强对金融机构的监管。政府部门基于 XBRL 建立的数据分享平台,可以实现社会资源的共享,节约企业报送数据的成本。对于使用者而言,一方面可以节约数据检索的时间,提高数据检索的准确性;另一方面可以利用 XBRL 技术建立企业信用评级体系,从而及时、准确地掌握债务人的财务状况,有效地控制信用风险。一些证券交易所还基于 XBRL 技术开发了上市公司财务数据在线数据查询、分析及下载功能。这些基础工作可以帮助普通投资者有效地查询企业的财务状况,保护投资者的权益。

总之,XBRL 可以快速、准确、可靠、低成本的收集和分析财务数据,解决了目前财务报表信息披露格式的众多不足,是财务数据信息披露的重要发展方向。

(三)XBRL 在国外市场的发展

XBRL 技术自推出后就受到了国外市场的广泛关注,得到了快速的传播和发展。经过 10 年的发展,XBRL 技术已经为监管部门、投资者、上市公司和市场参与者带来了诸多利益。在这里将介绍 XBRL 在国外主要行业中的应用及带来的重大影响。

1.美国证券交易委员会

美国证券交易委员会(SEC)于 2009 年 1 月 30 日发布了题为《应用交互式数据提高财务报告》的法规。该法规要求在美国上市的本土公司和国外公司在向 SEC 提交财务报表时,需要同时提供一张包括财务报表附注和附表在内的以 XBRL 格式编制的正表,从而改善企业向投资者提供的财务信息的有用性。企业在向 SEC 报送年度和季度报告、临时报告以及《证券法》规定的注册文件时均需附上 XBRL 数据;如果某企业拥有互联网站,则它还需在其网站上发布 XBRL 数据。美国共同基金的投资者将从 2011 年起享受这项举措带来的好处,动一下鼠标就可以比较超过 8000 家共同基金的财务信息。美国证券交易委员会的办公室互动披露主任 David M. Blaszkowsky 表示"采用交互式数据披露的财务信息将使投资者更好地评价上市公司和证券公司。未来金融市场的发展将依赖于更好的信息,特别是在目前困难的时期。美国证监会的举动是及时的,将得到美国乃至全世界投资者的欢迎。"

2.日本央行

作为日本金融行业的监管部门,日本央行管辖着包括本土银行、外资银行和证券公司等在内的 560 家金融服务机构。有效地获取金融机构披露的财务数据对日本央行实施其监管职能是非常重要的。在 XBRL 技术没有问世之前,日本的金融机构只能将电子数据文件上传至央行数据库,央行工作人员在检查数据没有问题的情况下再将过滤后的数据人工输入计算机系统,但这个过程效率低下而且存在较高的人工操作风险。自 XBRL 诞生后,日本央行研发了 XBRL 报送系统,要求所有的金融服务机构自 2006 年 2 月起向日本央行每月报送 XBRL 格式的财务报表。截至目前,日本大部分上市公司和基金公司都强制性披露 XBRL 格式的财务数据,运用范围扩大至季报、半年报和年报。日本央行认为,XBRL 技术不仅提高了金融机构披露财务信息的正确性,而且提高了工作效率,降低了人工操作风险。下一步,日本央行计划将继续扩展 XBRL 报告的范围,并准备开发新的系统用于保存和分析 XBRL 数据。

3.德国证券交易所

德国证券交易所从 2004 年起与 Software AG 合作开始启动 XBRL PILOT 项目。在该项目下,德国证券交易所研发了"交易所报告系统"(ERS),上市公司将填写财务数据完成后生成的实例文件,通过 ERS 提交给德国证券交易所。投资者可以通过德国证券交易所的网站免费查询和下载上市公司的财务信息,并可以进行上市公司财务数据之间的比较分析。德国证券交易所和投资者从 XBRL PILOT 项目中受益匪浅,不仅提高了财务信息的质量和透明度,扩大了财务数据的利用程度,而且降低了处理财务数据的成本。

(四)XBRL 在国内市场的发展

2002 年下半年,在中国证监会牵头下,沪深交易所等组成上市公司信息披露电子化标准工作小组,开始起草《上市公司信息披露电子化规范》(简称“规范”)。该规范要求沪深交易所要建立基于XBRL上市公司财务数据的信息披露系统,这为我国引用和推广XBRL技术提供了前提条件。截至2005年,沪深两市的上市公司均实现了利用XBRL对上市公司定期报告的全文及摘要的披露工作。

1.深圳证券交易所

2005年1月,深交所正式推出基于XBRL的“上市公司定期报告制作系统”,要求深交所全部上市公司通过该系统提供的模板和有关工具填写信息披露的有关数据,同时生成信息披露文件(即公告文件和PDF文件)及符合XBRL标准的实例文件。这对提高深交所上市公司信息披露文件编制的规范性和准确性意义深远。此外,深交所建立“XBRL应用示范”项目,为投资者提供了基于XBRL实例文件的WEB分析工具,通过图形化的界面直观地展示深交所成分股指数样本公司的数据对比分析结果,如图5、6所示。这一举措不仅提高了上市公司财务数据信息披露的质量,加强了市场透明度,也为投资者及时掌握上市公司动态提供了重要平台。

图5　深交所XBRL应用范例展示(1)

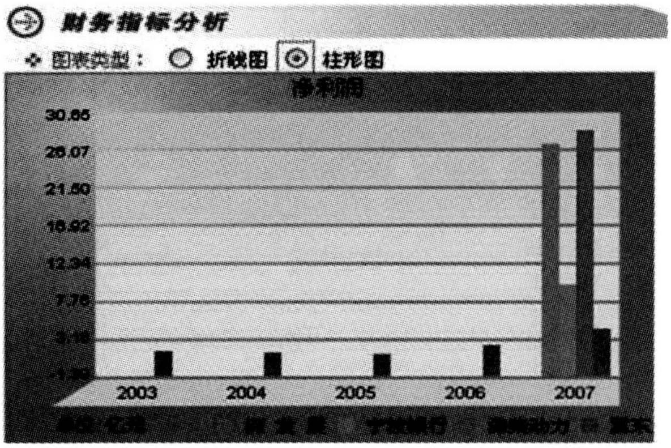

PDF报告链接：

深发展A：2003年年度报告
冀东水泥：2003年年度报告
深发展A：2004年年度报告
冀东水泥：2004年年度报告
深发展A：2005年年度报告
冀东水泥：2005年年度报告
深发展A：2007年年度报告
宁波银行：2007年年度报告
潍柴动力：2007年年度报告

图6　深交所XBRL应用范例展示(2)：多财务指标比较分析及财务报告下载

2.基金管理公司

2008年8月，中国证监会发布了《基金信息披露XBRL标引规范》和《基金信息披露XBRL模板第1号<季度报告>》，这标志着XBRL在基金业信息披露的应用取得了实质性进展。随后，证监会基金部陆续发布了《基金信息披露XBRL模板第2号<净值公告>》和《基金信息披露XBRL模板第3号<年度报告和半年度报告>》，要求基金公司按XBRL模板编制基金净值日报、半年度报告和年度报告。2009年7月，中国证监会基金信息披露网站正式运行，投资者可以按报告类型、基金公司和基金类型三种纬度查询基金公司披露的净值、季报和年度报告。XBRL技术在基金公司信息披露系统中的成功应用，使监管机构、投资者和信息加工商以更低的成本、更高的效率实现信息的生成、分析、交换和共享。

回购交易的风控机制研究

周文斌　李婧

摘　要:本文首先对回购交易的相关风险进行了分析。一般而言,包括信用风险、流动性风险、杠杆风险、法律风险以及操作风险,这些风险各有特征,但却是相互联系、相互交织。为防范风险,欧美国家在长期实践中积累了许多成熟的经验,本文着重介绍了盯市机制(包括证券估值、担保品追加、折扣率和初始担保)、担保证券快速处置、终止净额结算、市场透明度建设等相对比较重要的风控安排。在此基础上,本文结合对我国法律环境和银行间市场的现状分析,提出借鉴国际经验,在银行间市场建立逐日盯市机制、质押券快速处置机制和终止净额结算机制的建议,并做了适当的可行性分析,提出了有关的实现路径。

一、与回购交易相关的风险分析

(一)信用风险

在回购交易中,信用风险实际上包括两个方面:一是资金的风险,即正回购方（资金融入方，或证券提供方）发生未归还资金的违约行为，从而给逆回购方（资金融出方，或证券接受方）造成损失的风险；二是证券的风险，即逆回购方发生未归还证券的违约行为，从而给正回购方造成损失的风险。

就资金借贷而言，回购交易有证券做担保，已比单纯的信用拆借更为安全，但是潜在的风险因素依旧存在，这主要源于担保证券的价格波动。如果证券的市场价格下降，则意味着借出的资金可能得不到足额的担保，当正回购方违约时，担保证券的价值不足以弥补逆回购方的损失，不足部分即是逆回购方面临的信用风险敞口。同样地，如果证券的市场价格上升，则意味着超额担保，这样逆回购方违约将会给正回购方带来损失，超额部分即是正回购方所面临的信用风险敞口。

（二）流动性风险

根据国际清算银行的报告[①]，回购市场的流动性风险主要包括两类。第一类情况源于金融机构资产负债的期限错配。如果市场参与者对短期资金过度依赖，那么一旦发生不可预知的资金压力时，一些参与者（正回购方）将很难在回购到期时准备好应付的资金。这类风险主要存在于那些回购市场偏重于短期品种的国家，容易造成一个比较短期化的债务结构。第二种情况源于担保证券本身的流动性，并且与信用风险密切相关。当对手方违约时，非违约方首先是将担保证券变现，以弥补损失。但是，如果现券市场不活跃（特别是在证券行情不佳时）的话，证券变现将会面临困难，通常是要接受一个较大的价格折扣。此外，法律上的障碍也有可

① 《回购市场对中央银行的意义》（1999 年）。

能导致流动性风险（见下文关于法律风险的分析）。

（三）杠杆风险

回购的杠杆作用通常出现在回购利率较低、债市行情较好的情况下。投资机构为了能获取证券市值上涨收益，在资金规模和证券持有量均有限的情况下，通过回购交易进行套做。一边将证券进行回购融资，一边将融入的资金再用来购买证券；如此滚动操作，将证券持有规模不断放大，从而成倍获取证券价格上涨的收益。对于参与者而言，回购是一种能够节约成本和提高效率的杠杆资源，有效提高了资本（作为一种稀缺资源）的使用效率。但是，回购的杠杆作用也进一步放大了信用风险和流动性风险，甚至容易引发系统性风险。特别是在采用竞价交易的市场，如果相关的监控措施不到位，这种回购套作交易则比较容易引发市场炒作和混乱。在我国交易所市场，即发生过影响较大的回购杠杆风险事件。因此，有必要将回购的杠杆效应控制在一定范围之内。

专栏：国际清算银行关于回购杠杆风险的分析与建议

——《回购市场对于中央银行的意义》(1999)摘译

使用回购的杠杆效应可以进一步放大信用和流动性风险。这可能对于回购市场的参与者来说最具吸引力的一点，因为回购被看做是专门的一种节约成本和提高效率的杠杆资源。回购的杠杆效应在一定程度上对于金融市场参与者的行为来说是必要的，因为它确实在一定程度上提高了资本，其作为一种稀缺资源在市场上的使用效率。然而，它也会导致一定的风险并且需要将杠杆效应控制在一定的范围之内，以便将风险维持在可以接受的程度之上。那些过度使用回购杠杆的机构需要有特别强大的风险管理系统以避免风险无形中扩大到不可控制的程度。而且，在初始折扣率和保证金的设计上,也应该经过精心的计算并统一执行以便限制杠杆的倍数。判断如何实现杠杆效应的合理的水平对于每一个投资机构来说都是较为困难的。它有赖于一系列的因素,包括机构的整体的风险状况(包括信用、流动性和其他风险)以及收入来源的多样化。因此,对于机构来说,过度杠杆化并没有一个简单的定义和规则。在金融体系中,如果信用的提供方不被这些规则所限制的话,信用额度分配功能是一种比较有效的方式。然而,如果他们能够通过有效的风险管理方式将不断增长的高杠杆加以控制,并且对于市场的发展状况和融资方的财务状况能够及时作出反应的话,他们还是希望进一步强化回购杠杆效应所带来的高效率。这就要求那些提供信用的机构去开发并建立起一套合理的信用规范,并从一而终地贯彻执行。任何违背这些信用政策的行为应该被清晰地记录下来。

(四)法律风险

主要表现为:正回购方违约情形下,法律对于担保证券相关权益的归属及其处置存在不确定性,资金融出方可能无法及时出售担保证券以弥补损失,从而间接导致信用风险或流动性风险的产生。例如,在上世纪80年代美国一连串的交易商破产(如 Drysdale、Lombard-Wall 等)事件中,回购被法院判定为有担保的资金借贷,适用破产法的"自动中止执行"条款(Automatic Stay),从而逆回购方的权利无法完全得到法律的保护,引发了严重的信用风险。另一方面,即使法律认可逆回购方对证券的担保权益,但若该权益的实现需经冗长的司法程序的话,同样也会给逆回购方带来较为严重的流动性风险。因为相比于其他的担保品,证券的市场价格波动性较大,这样在法院审理期间证券价格的波动风险就完全由守约方承担。

（五）操作风险

操作风险主要来自金融机构内部流程的复杂性。特别是近年来跨境交易规模增长迅速，为提高资产利用效率，许多金融机构倾向于把境外证券资产用于回购融资。这种跨境回购需满足多个结算系统的操作要求，以及法律审核等复杂的程序，大大增大了金融机构的操作风险，并增加了交易成本。另一方面，担保类交易的风险管理也得到监管部门和市场各界重视，普遍要求实行逐日盯市、担保品维持等精细化管理，这也增加了参与者操作的复杂程度。

为应对日益增加的操作风险，降低交易成本，许多大型机构依靠 IT 技术建立了内部业务系统，提高自动化处理水平，但这需要较大的投入。一种经济的解决方案是将后台处理外包给托管结算机构，开展三方回购交易。目前，三方回购在美国市场比重已达 50%，在欧洲也呈快速发展的趋势。

二、风险控制的有关国际经验

（一）盯市机制（Mark-to-Market）

所谓盯市机制，实际上包括两个层面：一是基于当前市场价格，对证券和金融工具进行价值重估，计算风险敞口；二是进行保证金（券）追加操作（Margin Call），对担保品进行动态调整，以覆盖风险敞口。就回购交易而言，就是估算担保证券的市场价格，计算相应的亏损或盈余情况，适时发出追加或退还担保品通知，使担保品余额维持在一定水平之上。

在欧美市场，盯市是回购交易普遍采用的风险控制措施。国际证券市场协会（ISMA）于2003年发布《回购交易实践指引》，其中盯市机制是一项重要的标准；在其发布的《全球回购主协议》（GMRA）中，将“保证金（券）的维持”作为核心内容之一，并在具体条款中推荐回购双方对风险头寸进行逐日盯市。巴塞尔新资本协议也要求，银行应每日对其回购业务进行盯市，对相关的保证券、折扣系数进行调整，以及时应对市场波动带来的风险。从欧美实践看，盯市频率一般要求做到逐日，一些专业机构甚至做到一天盯市多次（如明讯银行的三方回购）。“逐日盯市”机制可以有效规避风险敞口增大的风险，提高担保品使用的效率。

逐日盯市是一种动态的风险防控措施，比简单的担保更为有效，能够比较及时地覆盖参与者面临的风险敞口。但是，与证券市场环境的风云变幻相比，单纯的盯市管理还不够，因为担保品的追加是在风险敞口增大后做出的，属于一种事后的风险补救措施，在极端情况下这项措施也可能会失效。例如此次金融危机中，一些结构化复杂证券也被用于回购交易；受危机重创，这些证券的市场价格暴跌，流动性急剧萎缩，导致对应回购的风险敞口短期内迅速扩大，超过了逐日盯市的应对范围。并且，这种情况下正回购方往往会面临众多的担保品追加请求，进一步加剧其财务困境。为了解决这一缺陷，欧美市场在实践中对单纯的盯市机制做了一些补充，设置了证券折扣系数和初始担保要求。折扣系数和初始担保主要是基于担保证券价格的波动性以及对手方的信用状况进行设定，与盯市操作配合使用，既可以对一般情况下的风险敞口进行管理，又可以更好地应付极端情形的冲击。

（二）明确的法律框架

从交易契约的角度，最重要的是确定性，特别是在违约情形下，相关的权利义务必须明确。为有效控制风险，近年来欧美各国分别从法律修订、回购协议标准化等方面做了很多努力。

一是确立了金融担保品的快速处置机制。就回购交易而言，法律风险主要表现为担保证券的权益及其处置存在法律上的不确定。为此，欧美的做法是鼓励参与者采用所有权转让的法律安排，即在回购期间，正回购方把回购证券的所有权利完全让渡给逆回购方，同时享有按约定价格（即到期还款）向逆回购方买入回购证券等同物[①]的权利。这样，在正回购方违约时，逆回购方便可以不用返还证券，并对其进行自由处置，及时弥补损失。同时，这一做法也有利于逆回购方对回购证券进行再使用，提高证券使用效率。目前，在债券市场协会（TBMA）和国际证券市场协会（ISMA）制定的《全球回购主协议》（GMRA）标准化文本中，所有权转让式安排是一项重要的内容，欧洲市场大部分回购交易均采用该文本。

对于采用质押安排的回购交易，欧盟于 2002 年出台了《金融担保品指引》，其目的之一即是“提供快捷、非形式要求的强制执行措施”，以便“在金融担保安排的一方当事人出现违约时，能够确保金融稳定性，并限制违约的传染。”该指引规定，在实现金融担保品上的质权时，担保品接受方可以通过出售、划转或抵销等安排快速行使质权，而无需经过法院程序。这样，在正回购方违约时，逆回购方同样可以对质押证券进行快速、及时的处置，避免流动性风险乃至系统性风险。在美国，从上世纪 80 年

① 按《全球回购主协议》的定义，逆回购方（买方）到期返还的是“等同于该等证券的证券”。

代 Drysdale 等交易商的破产事件中，市场各界认识到相关的风险教训，并在美联储的推动下对《破产法》进行了修订，使得回购交易可以豁免“自动终止执行”的对待。

二是确立了终止净额机制。终止净额是近年来国际金融市场的一项重要的制度创新，在证券回购、金融衍生产品交易（尤其是场外交易）等领域应用十分广泛，也是《全球回购主协议》（GMRA）标准化文本的一项核心原则。所谓终止净额，是指当一个机构发生违约时，其交易对手可将双方间所有的交易终止，并轧差计算出一个净额，以此作为唯一的收付义务。在终止净额机制下，可以有效避免破产管理人的挑拣履行行为①，使得原有多笔交易所产生的复杂的债权债务关系被替代为一笔单一、即时的收付义务，不仅清晰明了，而且风险敞口因净额而大大降低，从而最大限度地保护非违约方，减轻了对整体金融支付链条的冲击，避免了系统性风险的发生。在此次金融危机中，当雷曼兄弟等华尔街巨头宣布破产时，并没有大量的交易对手随之倒闭，其引起的连锁反应也并未像人们所预期的那样猛烈，在这一过程中，终止净额制度可以说是发挥了巨大的作用。

（三）必要的透明度

风险评估的前提是有一个比较透明的市场环境和良好的信息披露机制。欧美监管当局和自律管理组织都比较重视市场的透明度建设，推动

① 破产管理人的这种挑拣行为在英语中被形象地称为“Cherry-picking”。例如，我国《企业破产法》第十八条即规定，“管理人对破产申请受理前成立而债务人和对方当事人均未履行完毕的合同有权决定解除或者继续履行”，即破产管理人可以选择对破产方有利的交易以增加破产财产，而拒绝履行不利交易。这样的结果是，守约方可能不得不在一些交易项下履行义务，而在另一些交易项下按破产比例被清偿或得不到清偿，从而增加了守约方的风险。同时，破产程序本身的拖沓也会使得守约方面临巨大的市场风险。

建立恰当的信息披露机制。

市场参与者在开展回购交易之前,需要具有充分的、全面的金融信息来了解市场的容量,整体风险水平和对手方的风险管控策略。整体风险水平包括市场基础安排(例如是否有中央对手方机制)、流动性和信用风险等,以便逆回购方可以了解正回购方是否具有能力来补足担保品并承担损失。如果杠杆效应比较大,还需要不断地对正回购方的相关信息进行更新,因为高杠杆要求对不可预测的市场发展状况快速做出反应。当然,信息披露的程度必须有个恰当的度,不能破坏参与者对自身交易策略保密要求。正回购方可以在不泄漏其商业秘密的前提下提供一些数量信息,例如,每天的净资产的价值、能够补足担保品的资源情况和汇总的风险信息(如其投资组合的 VaR 值和在压力测试方面的结果)等。为了能让逆回购方检查正回购方是否虚报情况,正回购方常常还需要披露有关 VaR 值和压力测试结果方面的参数和假设条件,这是非常重要的。

总之,信息透明度是指,在不泄露资金融入方投资策略方面的敏感信息的前提下,为逆回购方提供充分的信息。必要的信息透明度,可以让逆回购方更为及时和全面地掌握正回购方的信用状况,从而对一些不可预测的市场状况快速做出反应。

三、完善银行间市场债券回购风控机制的若干建议

与欧美市场相比,银行间市场的债券回购还只有十年的发展实践,相关的制度建设、风险管理措施正处在逐步完善之中。但是,随着回购交易规模的迅猛增长、参与主体的不断扩大,风险因素也在不断变化、扩展。因此,如何借鉴国际经验,完善风险管理制度,推动银行间市场债券回购

的健康发展，具有相当的迫切性。

（一）建立逐日盯市机制

从银行间市场的实际情况看，债券回购业务尚未严格按照巴塞尔资本协议的要求实现风险揭示的“逐日盯市”机制，在风险计量的准确性和及时性方面存在较大隐患。虽然，人民银行严格规定，在办理回购业务时应提供足够的质押债券，但在度量质押债券是否足额时，计算的标准仍主要是债券面额，且一般是按质押比例（质押债券面额：质押融入资金额）1：1的模式进行操作的。这种面额质押的做法在揭示风险方面存在很大的不足，比较粗糙，目前已经显现出质押不足的风险。因此，建立逐日盯市机制，是目前我国债券回购业务加强风险管理的迫切需求。

在欧美金融市场，“逐日盯市”机制的应用比较普遍，这为我们提供了成熟的可供借鉴的经验。银行间市场经过多年的发展，也已经具备了开展逐日盯市的基本条件。逐日盯市的关键环节是对债券进行合理估值和定价，这有赖于相对活跃的现券交易。从银行间市场实际看，现券交易已比较活跃，2008年现券交易量达40.83万亿元，日均1633亿元，现券交易平均周转率达294%，这为债券定价提供了基础。另一方面，债券的专业估值机制也已经在银行间市场建立起来，中债信息产品已得到有关监管机构和市场的认可，可以为“逐日盯市”机制提供较为公允和客观的计算基准。

（二）建立质押券快速处置机制

目前，质押式回购已成为银行间市场的主力交易品种，是商业银行等金融机构主要的资金融通手段，也是央行货币政策的重要传导工具。2008年，质押式回购结算量达58.24万亿元，占全市场结算量的57.5%；

其中,商业银行回购结算量为 30.33 万亿元;公开市场操作回购结算量为 5.66 万亿元。但是,由于国家法律的不明确,质押债的快速处置尚未实现,一旦发生违约,质押债券对于信用风险的防控作用难以及时发挥,从而会给守约方造成流动性风险,甚至可能引起系统性风险。

事实上,目前我国法律虽不明确,但亦未禁止对质押债券进行快速处置。《物权法》第二百一十九条规定,"债务人不履行到期债务或者发生当事人约定的实现质权的情形,质权人可以与出质人协议以质押财产折价,也可以就拍卖、变卖质押财产所得的价款优先受偿。"而 2005 年修订的《证券法》已对此有所突破,该法第一百六十七条规定,"……在交收完成之前,任何人不得动用用于交收的证券、资金和担保物。结算参与人未按时履行交收义务的,证券登记结算机构有权按照业务规则处理前款所述财产"。这说明,作为中央对手方的登记结算机构,在结算成员违约时,可以依据业务规则对其提供的用于结算交收的资金、证券和担保品进行快速处理。

在其他一些领域,对于金融担保品的快速处置也已有一定的实践。例如,人民银行 2006 年发布的《小额支付系统质押业务管理暂行办法》第十二条规定,"当成员行发生信用风险时,人民银行可以委托中央结算公司对质押品进行处置以清偿小额轧差净额资金。"2007 年,银监会颁布《个人定期存单质押贷款办法》,该办法第十六条规定,"出质人和贷款人可以在质押合同中约定,当借款人没有依法履行合同的,贷款人可直接将存单兑现以实现质权。存单到期日后于借款到期日的,贷款人可继续保管质押存单,在存单到期日兑现以实现质权。"由此可见,在国家法律不明确且无禁止的情况下,可通过部门规章先予以明确,以推动实践的开展,满足金融市场安全、高效运行的需要。

因此,可先通过部门规章的形式,推动质押债券的快速处置机制在银行间市场的建立。

(三)建立终止净额机制

欧美经验表明,终止净额制度是金融市场风险管理的有效手段。但在我国,终止净额能否得到国家法律的认可,同样也存在不确定性,特别是与现行的破产法原则存在一定的冲突。一是破产抵销问题。净额和抵消存在较大的相似性,都有一个冲抵过程。我国《企业破产法》承认破产抵销,但是规定:债权人行使破产抵销权必须向破产管理人主张;债权人在破产申请受理后对债务人负有债务的,一般不能抵销。在实践操作中,终止净额的轧差计算过程有可能是在破产程序开始后,由此计算出的盈亏可能会被认为属于破产案件受理后产生的债权债务,从而影响破产抵销的适用。二是可撤销行为与无效行为的规定。《企业破产法》出于防范破产方"转移债务人财产"等道德风险的目的,对破产案件受理前的可撤销行为与无效行为作了规定。在实践操作中,终止净额有可能被理解为"对未到期的债务提前清偿"或者"债务人对个别债权人进行的清偿",从而面临着被法院撤销或宣布无效的法律风险。

从银行间市场实际看,在场外金融衍生交易领域已经率先开展了积极的实践。交易商协会在其组织制定的《中国银行间市场金融衍生产品交易主协议》中专门设计了"单一协议"条款[①],即交易双方之间无论发生多少主协议覆盖下的金融衍生产品交易,都只有一个协议,一个法律关

① 见《中国银行间市场金融衍生产品交易主协议(2009 版)》第一条第(一)款。

系,每个具体交易只是单一协议的一部分。这样,终止净额就是对一个债权债务关系的确认过程,而不是我国法律所规定的不同债务之间的抵销;破产管理人也无法对单一协议下的不同部分(即各个具体交易)行使其挑拣权。当然,“单一协议”的引入并未能彻底解决终止净额的有效性问题,“单一协议”条款本身的有效性仍然需要法律予以明确。但是,在国家法律不明确的情况下,由主管部门主导率先进行实践,也不失为一个有效的制度创新路径。因此,可参照场外金融衍生交易的做法,由主管部门出台相应的部门规章,并对现有的回购主协议进行修订,以此确立单一协议下的终止净额制度。

转托管现象浅析

王思敏

摘　要：本文从转托管现象入手，分析了银行间与交易所之间转托管现象的特点与演变趋势。并进一步从国债与企业债转托管特点出发，比较了交易所与银行间交易机制的差别，为完善银行间市场提供政策性建议。

关键词：转托管　银行间市场　交易所市场　交易机制对比

一、转托管现象的产生

中国债券市场由银行间市场、交易所市场和柜台市场组成。虽然三个市场是割裂的，但是交易品种和市场成员却有所重叠，这为同一券种在不同市场之间转托管埋下伏笔。

2003年底，为了提高债券市场效率、加强银行间市场和交易所市场之间的互联互通，财政部公布《国债跨市场转托管业务管理办法》。管理办法明确，财政部是国债托管及转托管业务的主管部门，负责国债托管及转托管业务的政策制定和监督管理；中央国债登记结算有限责任公司作为总托管机构协助财政部对各托管机构国债托管和转托管业务的进行日常监管，并定期向财政部报告；中央国债结算公司与中国证券登记结算公司签署《国债跨市场转托管协议书》。

2004 年 5 月，中央国债结算公司在《国债跨市场转托管业务管理办法》基础上，制定了《国债跨市场转托管业务操作指引》和《国债跨市场转托管业务细则》，对交易所国债跨市场转托管业务实施统一管理，进一步规范和完善国债跨市场转托管业务机制，提高业务效率，使投资者更为便捷地参与交易所市场和银行间市场。

虽然财政部与中央国债登记结算公司没有就企业债转托管做出具体规定，但是《国债跨市场转托管业务细则》中指出“其他债券办理跨市场转托管手续参照本细则办理”。因此，以上国债相关转托管管理办法、业务细则等也适用于企业债。

随着 2004 年财政部发行的基准利率国债全部实施跨市场发行，跨市场品种猛增，跨市场以及转托管现象日益普遍。跨市场发行及互相转托管逐渐成为联系割裂市场的纽带。

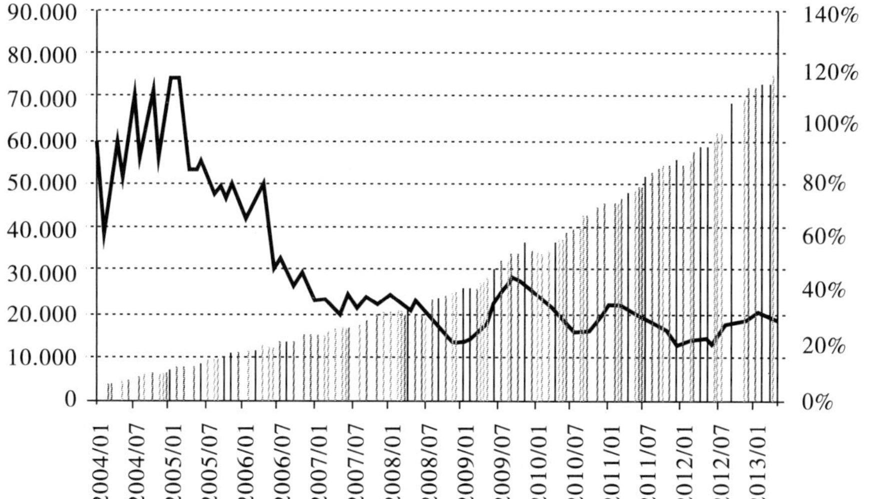

图 1　跨市场托管量与托管量增速

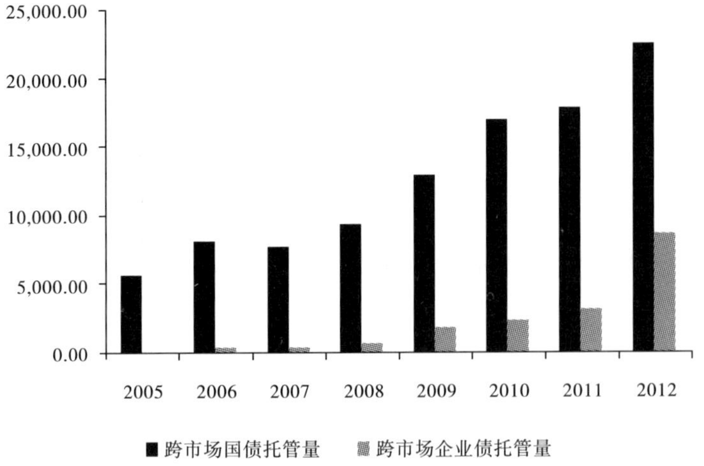

图 2　国债企业债跨市场托管量

注:2013 年数据截至 5 月 31 日

二、两市转托管量不断增加,银行间呈净转出态势

(一)国债转托管从净转入变为净转出

从国债转托管数据可以看出,2006 年只有转入银行间国债没有转出。2007—2009 年,银行间与交易所之间的转托管处于均衡状态,转入银行间国债略多于转出银行间,国债呈净转入银行间态势。进入 2010 年,国债转出银行间金额快速增加,国债变为从银行间净转出。(见图 3)

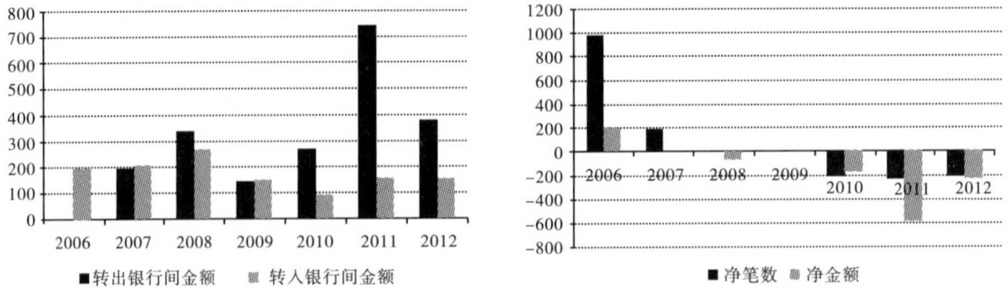

图 3　国债转托管(年度)

（二）企业债转托管保持从银行间净转出状态

企业债转托管一直保持从银行间净转出状态。净转出金额经历了三个台阶式变化，2006—2008 年只是小幅净转出；2009—2010 年转出量初步增加；2011—2012 年，企业债净转出金额与净转出笔数开始快速增长。（见图 4）

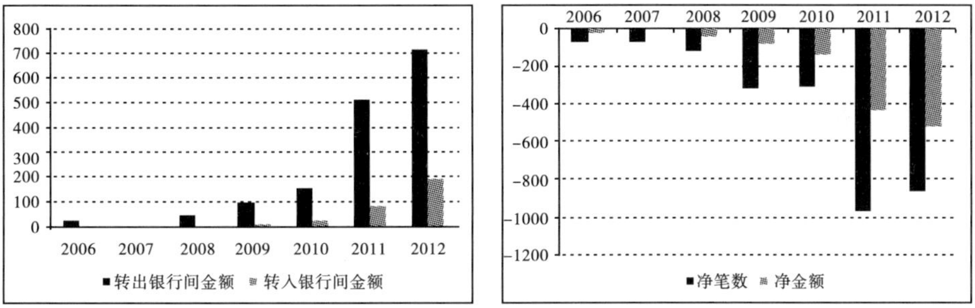

图 4　企业债转托管（年度）

三、探究转托管现象深层机理

国债转托管经历了先转入、后转出的过程，而企业债则一直保持净转出状态，那么是什么原因造成了转托管流向变化呢？我们认为有必要深度剖析银行间市场与交易所市场来解释这个问题。

（一）回购交易机制差别促使企业债转托管交易所

1.交易所交易量放大源于回购交易的快速增长

近年来，交易所市场交易量出现较大幅度增长，而其交易量的放大主要原因源自回购交易的快速增长。

图 5、图 6 为银行间与交易所企业债、国债现券交易与回购交易的对比图。从图中可以看到银行间现券交易量增长较快，而交易所回购交易

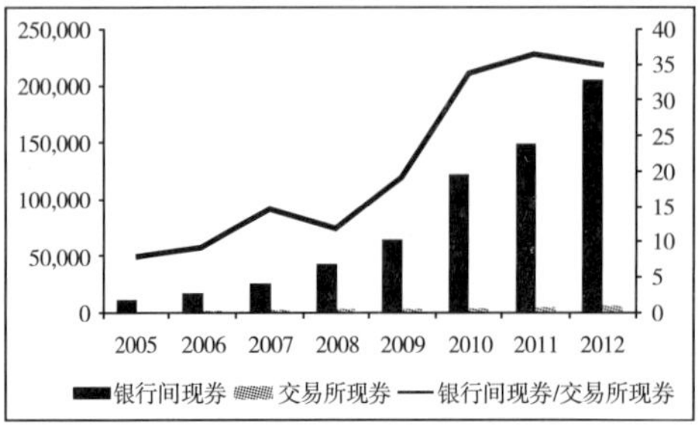

图 5 银行间交易所现券交易量比较

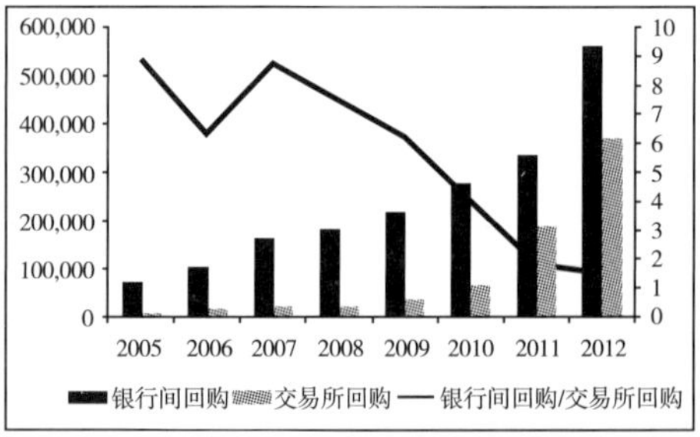

图 6 银行间交易所回购交易量比较

量增长较快。2006—2012 年,银行间国债企业债现券交易量从交易所的 8.07 倍升至 34.97 倍,但是回购交易量却从交易所的 8.89 倍降至 1.51 倍。交易所回购交易量自 2007 年开始进入快速增长阶段。

2.回购制度差异是交易所回购交易增长的主要原因

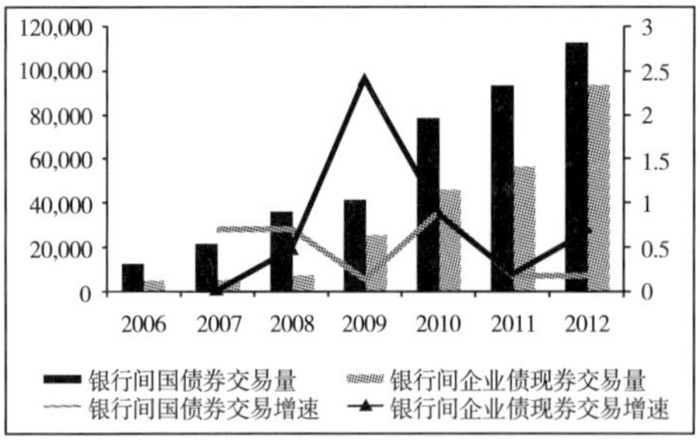

图 7 银行间交易所现券交易比较

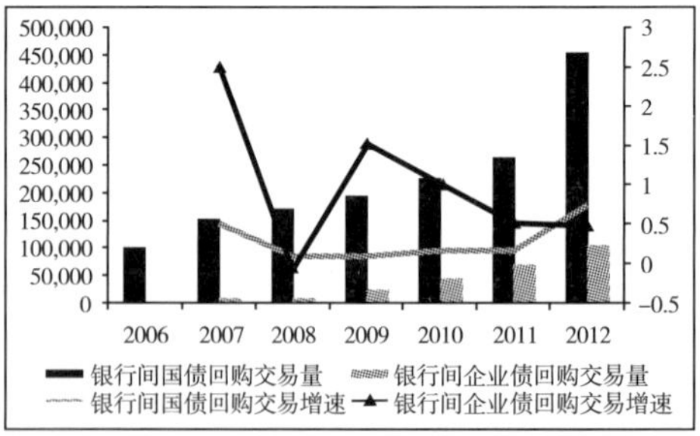

图 8 银行间交易所回购交易比较

细分银行间国债、企业债现券交易量与回购交易量。银行间国债回购交易量增速一直保持平稳,企业债回购交易量增速则自 2009 年开始进入持续滑落阶段。因此,银行间回购交易量增速不及交易所的主要原因在于企业债回购交易增速回落,而导致企业债回购交易量增速回落的原因源于两市场信用债回购制度的差异。

表1 银行间交易所回购制度比较

	银行间市场	交易所市场
质押券	国债、政策性金融债、信用债	标准券回购模式
风险控制机制	银行间是场外一对一询价机制,交易双方自行确定折算率	交易所采用中央对手方机制,中证登每日调整信用债券折算比率
回购交易参与者	资金融出方主要为商业银行	资金融出方众多,风险偏好较为分散
回购规模限制	有限制	无限制
回购资金用途	继续投资银行间市场	除继续购买债券外还可以实时参与交易所其他品种的投资,如股票、基金、衍生品等

质押券差异。虽然银行间市场使用国债、政策性金融债回购不占用银行风险资本,但是使用信用债作为质押券却一直需要占用风险资本。因此,商业银行作为银行间市场回购交易主要资金融出方,往往不愿意接受信用债作为担保品。交易所市场则采用标准券回购模式,公司债、企业债都可以通过折算率换算成国债进行质押,不在品种上加以区分。

风险控制机制不同。银行间市场没有引入第三方担保管理制度,交易双方需要自行评估对方信用水平,根据信用债估值、久期、回购期等,通过谈判确定折算比率。交易所市场则采用中央对手方机制,中证登成为担保品管理的第三方并逐日盯市,不仅承担了交易对手违约风险,还承担了担保品估值波动的风险。中证登信用背书使得信用债作为担保品在交易所市场被普遍接受。

回购交易参与者不同。银行间市场参与者主要有商业银行、保险公司、基金、证券公司、信用社和各类非银行金融机构。商业银行是主要资金融出方,银行间市场资金利率受到商业银行资金季节性波动影响巨大,月末、季末、年末时点,银行间市场资金利率常常出现大幅上扬。交易所市场参与机构广泛，资金融出方多，风险偏好分散，资金利率季节性波动性小。

回购规模限制。《证券公司进入银行间同业市场管理规定》以及《基金管理公司进入银行间同业市场管理规定》限制证券公司在银行间市场债券回购余额不得高于资本的80%，限制基金公司债券回购余额不得超过基金净资产的40%。而交易所市场除规定证券公司代客回购杠杆不得超过5倍外，没有对证券公司和基金公司另行规定回购规模。

回购资金用途。银行间市场交易品种较为单一，机构回购资金用途也比较单一。交易所市场交易品种丰富，投资者所得回购资金不仅可以继续购买债券，还能够在交易所购买股票、基金和衍生品等。而且交易所采用灵活的质押券可替换机制，质押库内的质押券可实时置换，多余质押券也可退回证券账户。交易所的动态担保品管理政策大大增加了回购交易流动性。

3.回购交易机制差别促使企业债转托管交易所

交易所与银行间市场回购制度差异主要体现在信用债作为担保品时的交易。因此回购制度差异对国债转托管影响较小，但是对企业债转托管影响较大。

可跨市场转托管进行交易的成员主要包括保险公司、基金、证券公司以及各类非金融机构。大部分跨市场成员投机性较高，跨市场成员更愿意将银行间企业债转托管至交易所，不仅可以更便利地进行回购交易、较大幅度增加投资杠杆，还能够实时参与交易所其他品种。而交易所回购交易的快速增长也佐证了市场参与者对交易所回购市场的青睐。

(二)套利空间促成跨市转托管

1.利差空间造就的可能套利模式

我国债券市场长期存在分割,相同券种在不同市场的价格也存在长期稳定差异。这种差异的存在为跨市场成员创造了套利机会。

套利成本主要源于转托管成本,而申请办理转托管的手续并不复杂。申请人准备好转托管资料后,基本上可实现 T+1 日完成。银行间市场在工作日内的任何时间(8:30—16:30)实时办理转出、转入业务。交易所市场在该日闭市以前(15:00)完成转入或转出录入指令就能保证客户在次一个工作日使用转入或转出的债券。

银行间证券双边借贷与交易所融资融券业务开展提供了买空卖空机制,也为跨市场套利提供了更加便利的条件。

基于债券价格与回购价格在两市场持续存在差异的情况,我们认为可能存在的套利模式共有以下三种:

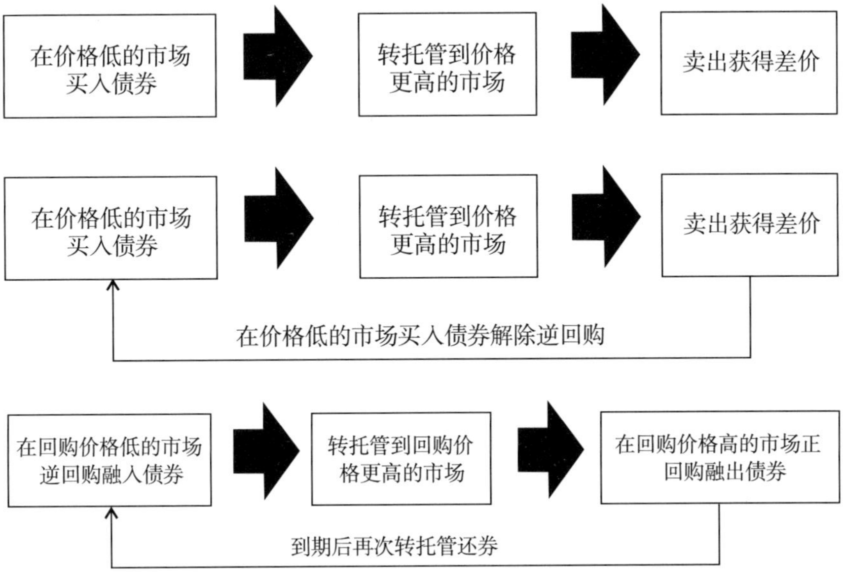

前边两种套利模式是基于债券价格差异进行的，第一种套利模式是有自有资金情况下可进行的最简单套利交易。第二种套利模式是完全没有自有资金情况下，依然能够实现跨市场套利。第三种套利模式是基于回购价格差异进行的，但是这个套利模式涉及两次转托管，并且在两个市场中的回购期限也不同，因此实现可能性较小。

2.国债——相同回购制度下套利行为引致的转托管现象

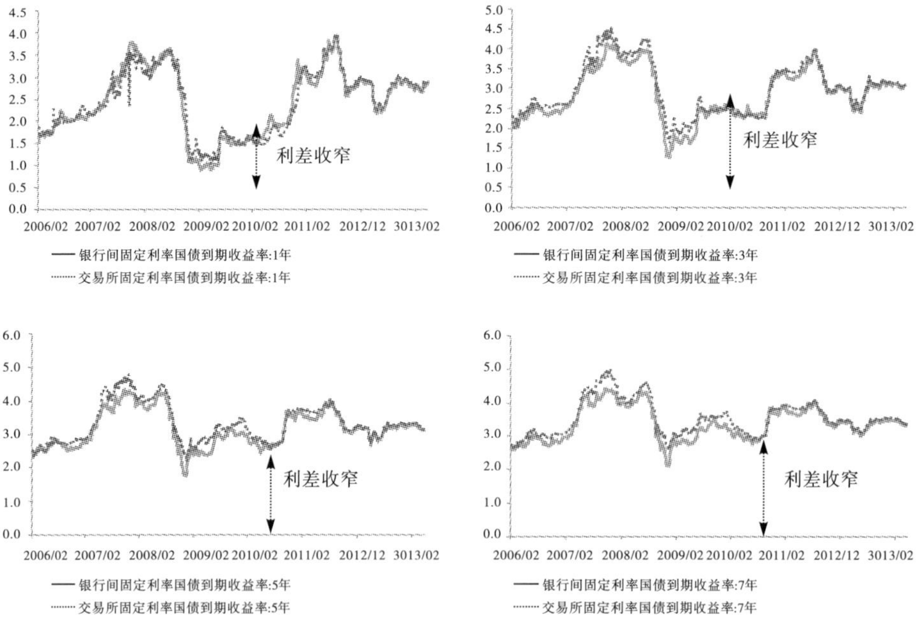

图9 银行间交易所关键期限国债利率

注：2013 年数据截至 5 月 31 日

通过上文比较，国债回购制度在银行间与交易所市场并没有太大区别，因此我们认为国债转托管现象的出现主要源于价格差异导致的套利行为。

上图是银行间与交易所关键期限国债收益率对比图，从图中可以看出，在 2010 年以前，银行间国债利率显著低于交易所，在期限较长国债收益率中表现尤为明显。利差存在使得国债在银行间的价格系统性高于交易所价格,因此将在交易所购买国债再转托管到银行间就可以赚取价差。

银行间国债净转入与银行间收益率系统性低于交易所收益率的时间是一致的。自 2010 年起,两个市场收益率高度重合,国债净转入银行间市场的情况也随之消失。

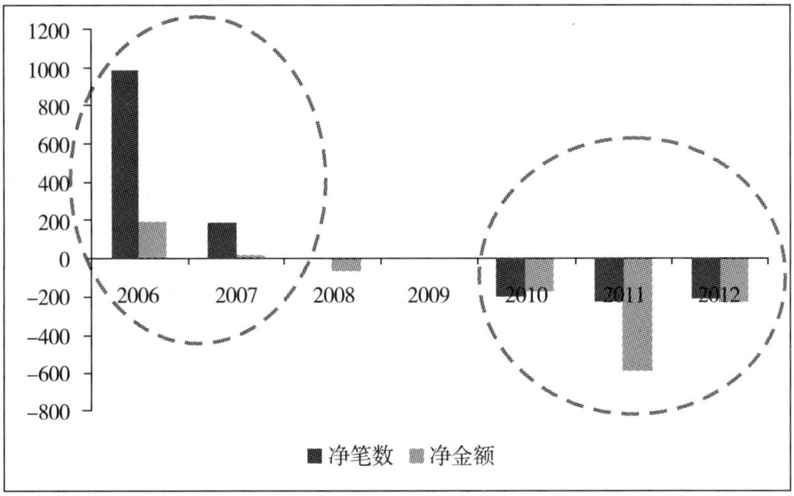

图 10　银行间交易所国债转托管净额

我们认为,在 2010 年以前银行间国债利率显著低于交易所的原因主要包括市场定价机制差异、投资者主体差异、市场流动性差异等。

首先,交易所债券市场定价机制为按照"价格优先、时间优先"的原则集中竞价、撮合成交,银行间市场的定价机制则是一对一询价为主、做市场制度为辅,银行间定价显示了大型机构对债券价格的一致预期,而交易所市场定价波动性较大。

其次,银行间市场投资主体为商业银行、保险公司、基金、证券公司、信用社和各类非银行金融机构。以配置型为主的银行、保险等机构对收益率要求较低。而交易所市场投资主体为基金、证券公司、各类非银行金融机构和个人投资者。基金与证券公司等机构投机性较强，因此要求收益率较高。市场投资主体不同也决定了交易所价格高于银行间。

最后，银行间市场有商业银行和保险公司的参与，资金体量大，市场厚度大，现券交易的流动性显著好于交易所市场，银行间现券交易量增长速度也明显快于交易所。因此，银行间市场流动性溢价显著低于交易所市场。

但是，随着套利行为的开展，交易所市场参与者资金体量逐渐扩大以及交易所逐步引入债券大额交易系统等增加市场活跃度的措施，交易所与银行间国债利差逐步消失，国债由净转入银行间变为净转出银行间。

3.企业债——不同回购制度下引致的转托管现象

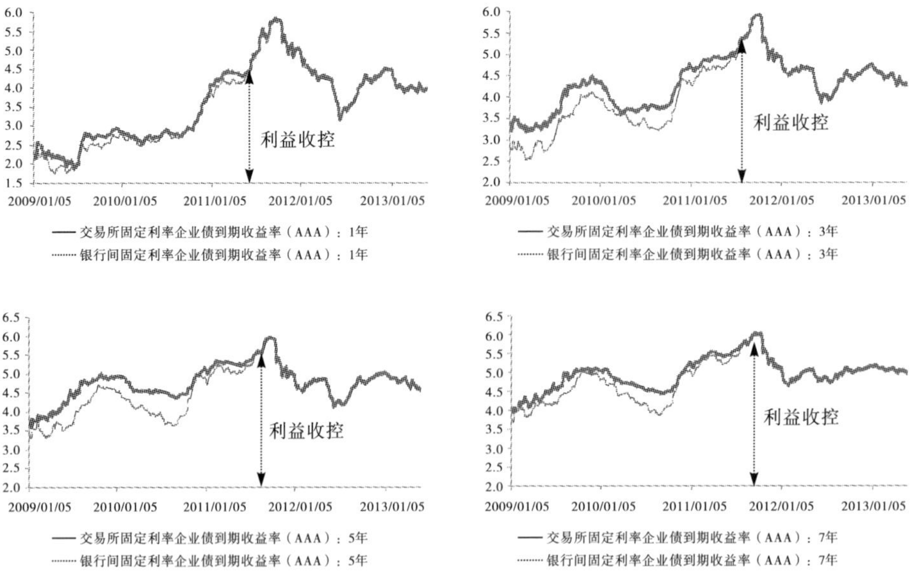

图 11　银行间交易所关键期限企业债利率

注:2013 年数据截至 5 月 31 日

根据上文分析，银行间市场与交易所市场在企业债回购制度方面差异较大，这一差异使得交易所回购交易自 2007 年起井喷式增长。因此，分析企业债转托管现象时不能单纯考虑两个市场价差造成的套利机会，还要考虑回购制度不同带来的影响。

企业债一直呈现从银行间净转出的态势，并且从 2011 年开始，银行间净转出企业债规模大幅增加。

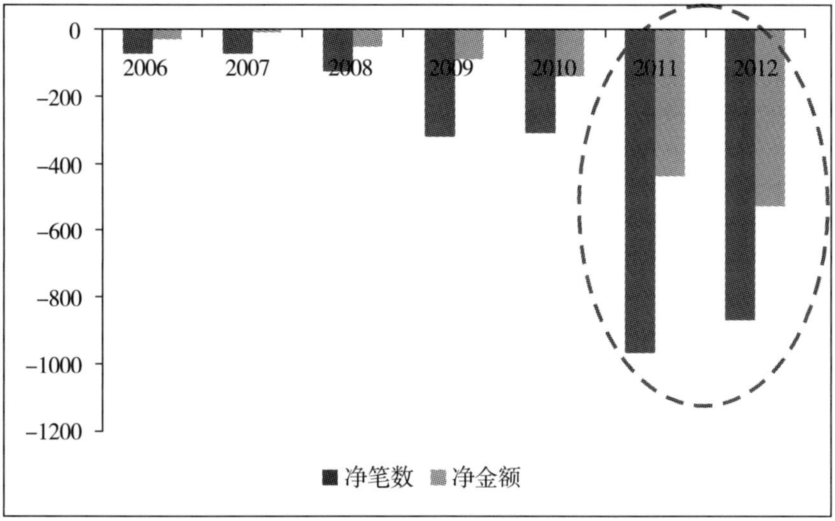

图 12　银行间交易所企业债转托管净额

我们认为造成这一局面的原因主要有以下两点。

在 2011 年以前，企业债在银行间的收益率显著低于企业债在交易所的收益率，因此发债企业往往选择在银行间发行以获得低廉的融资利率。发行之后，企业债投资者则更愿意将债券转托管至交易所以进行更便利地回购。因此，企业债一直是从银行间净转出的情况。而随着 2011 年企业债发行扩容、债券基金扩容跨市场资金量大增，企业债净转出从 2011 年起也大幅增加。

另一方面，对企业债投资者而言，在交易所不仅能够进行更便利地回

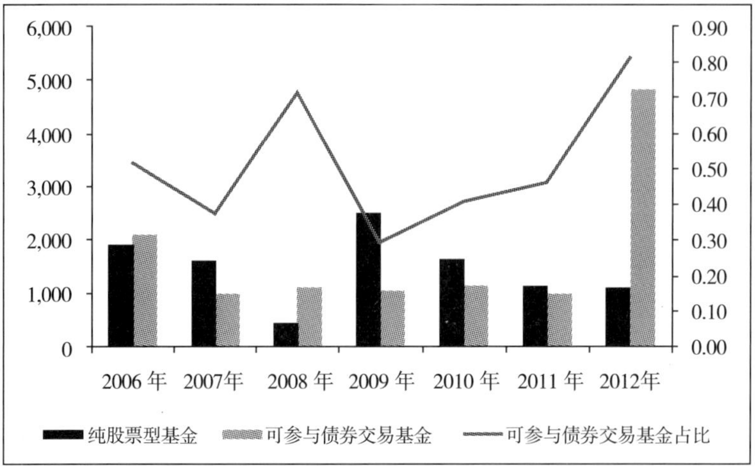

图 13　可参与债券交易基金增速及占比

购融资,交易所回购利率也显著低于银行间。比较两市的回购利率,由于交易所使用中央对手机制,有效降低交易成本、控制交易风险,并且交易所资金融出方众多、资金市场没有呈现银行间的寡头垄断态势,因此交易所回购利率大概率低于银行间回购利率。

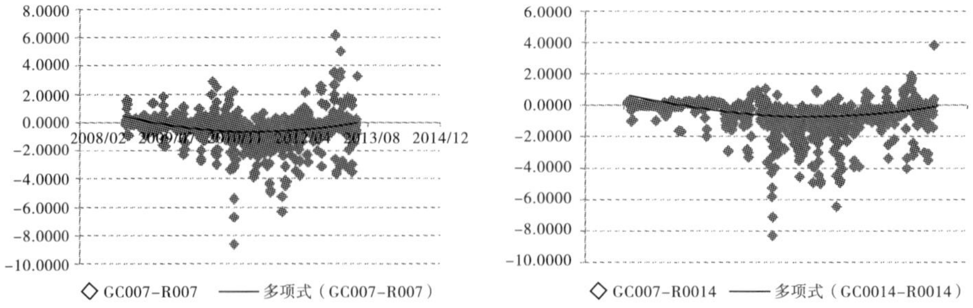

图 14　银行间交易所回购利率对比

注:2013 年数据截至 5 月 31 日

2011 年后,由于银行间市场与交易所市场利差逐渐收窄,企业债在银行间发行获得较低融资利率的优势逐渐消失,新增企业债开始大部分直接托管在交易所市场。

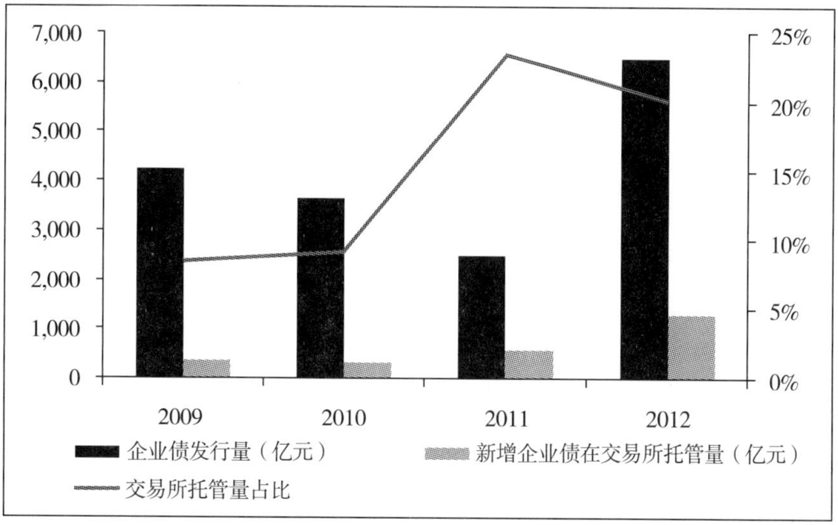

图 15　新增企业债在交易所托管量

（三）债券衍生品发展增加转托管需求

2013 年是债券 ETF 发展元年。

2013 年 1 月 8 日，首只国债 ETF 由国泰基金发起，对应标的为中证指数公司发布的“上证 5 年期国债指数”。2013 年 1 月 9 日，国内首只企业债 ETF 获批，为博时上证企债 30ETF。

2013 年 2 月 7 日，上交所和中证登联合发出通知，决定自今年 3 月 25 日起，将国债 ETF 计入现有债券质押式回购质押库，投资者开展国债 ETF 的回购交易时，回购标准券使用率不超过 90%，回购放大倍数不超过 5 倍。

国债、企业债 ETF 的出现也间接促成了国债和企业债从银行间向交易所转托管。根据上文分析，银行间市场现券交易活跃、流动性好，从银行间购买组成 ETF 的债券较为便捷，但是债券 ETF 份额只能够在交易所交易，因此债券 ETF 的出现虽然加强了两市的互联互通，也造成了国债和企业债单方面从银行间流出。

国债期货推出也会加剧两市之间的转托管。国债期货目前通过中金所过桥账户交割。中金所在中债登与中证登都开有账户，交割时买卖双方将券和款先转入中金所账户，然后由中金所再过户到买卖双方账户。如果买卖双方账户分别来自银行间与交易所，那么中金所交割券时需进行一道转托管手续。

期货产品具有较高投机性，预计未来商业银行参与程度有限，而保险公司、基金、券商参与积极性较高，因此未来国债期货买方可能更多集中在交易所市场。这有可能进一步加剧国债从银行间转出。

(四)信用交易制度未来可能加速债券转出银行间市场

随着《证券公司融资融券业务试点管理办法》和《证券公司融资融券业务试点内部控制指引》的发布，交易所引入信用交易制度。

信用交易制度将进一步优化交易所资金配置，增加交易所市场流动性。

信用交易的显著特点就是杠杆效应，使得投资者可以获得超过保证金的资金和证券，扩大交易能力，以少博多，获得额外收益。信用交易制度使交易所资金流转速度进一步加快，并且使证券交易更为活跃，证券价格对市场一致预期反应更加敏锐。

信用交易制度盘活了存量证券及更多存量资金，使众多投资者的资金、证券有机组合在一起，匹配交易所市场多边需求。

因此，虽然交易所市场资金总量无法与银行间市场相比，但是交易所信用交易制度增加资金和证券换手率，逐渐弥补交易所资金体量小的劣势。流动性增加不仅有助于消除交易所与银行间市场的利差，未来还会加速债券由银行间转托管至交易所，如果交易所将债券也加入融券标的，那么投资者就可以利用交易所的信用交易制度盘活存量券。

五、健全回购交易机制，深化两市互联互通

本文从转托管现象入手，通过剖析银行间交易所国债与企业债互相转托管特点，揭示了银行间市场与交易所市场在回购制度、市场参与者、流动性、定价机制等多方面的差异，也期望能为银行间市场进一步完善提供合理化建议。

（一）完善银行间回购制度

银行间企业债净转出主要源自于两市信用债回购制度差异，我们认为完善银行间回购制度可从以下几方面入手。

首先，建立第三方回购制度，由第三方提供盯市、估值及回购担保服务。银行间主要以一对一询价为主，导致交易机构在接受信用债为质押券时需要自行估值、谈判及盯市。如果能够成立第三方担保机构来完成信用债公允估值、质押率计算及担保品逐日盯市管理，将大大降低回购交易成本，扩大可融券范围，提高银行间市场回购效率。

其次，在第三方回购制度基础上开展质押品动态管理。交易商协会新推出的《银行间债券市场回购交易主协议》引入了质押券可替换机制，这解决了银行间市场债券一经质押就此沉淀的情况，大大提高市场流动性。除了质押券可替换机制，还可进一步推出质押券退回机制，在质押券超出担保要求情况下将余券退回现券交易账户，利用银行间活跃的现券交易进一步带动回购交易。

最后，建议由第三方机构赋予信用债指导性质押率。指导性质押率有助于交易双方降低谈判成本，快速成交。结算组织或行业协会可以定

期发布指导性质押率，为市场成员成交提供参考。

（二）创新交易方式增加交易品种，加强两市互联互通

根据上文分析，交易所回购交易活跃的原因之一是回购资金可参与品种多于银行间市场，并且交易所交易方式比较灵活。

我们认为可以在银行间市场引入更多创新品种和创新交易方式，例如在现有全款全券基础上率先推出债券的信用交易模式，推进以信用为基础的券款双边借贷，增强资金与存量券的流动性。

另一方面需要加强两市的互联互通，两市账户逐渐实现资金实时互转，相互促进交易活跃性。

（三）进一步提高银行间市场流动性

2010 年之前，由于银行间定价机制、流动性等方面的优势，国债、企业债利率持续低于交易所市场，使得国债在 2010 年前呈现净转入银行间态势。但是，随着交易所市场流动性不断提高，利差收窄至消失，国债开始由净转入变成净转出，新增企业债也大部分直接托管在交易所市场。为进一步提高银行间市场流动性，我们认为可以从以下几方面入手。

完善做市商制度。完善做市商考核制度，做市商考核标准应包括报价连续性、报价合理性、报价价差幅度、债券周转率和最终成交量等；建立做市商淘汰机制，对做市商按年审定，不合格做市商取消做市资格，并筛选优秀的市场成员增补为新的做市商；加强对做市商的激励和政策扶持，如给予做市商公开市场操作一级交易商优先权，参与承销市场的优先权，进行产品和交易创新的权利，税收优惠和费用减免等。

继续大力发展市场经纪人。经纪人可以有效收集市场需求信息，沟通债券买卖双方以促成交易。银行间大额交易市场更适合发展经纪人制

度，尤其是经纪人可提供的“匿名交易服务”，一方面降低交易成本，另一方面大机构还可保密自己的持仓与资金头寸。

参考文献：

1.财政部国库司.中国储蓄国债[M].北京：中国市场出版社，2006.

2.殷孟波，曹廷贵.货币金融学[M].成都：西南财经大学出版社，2000.

4.滋维·博迪，亚历克斯·凯恩，艾伦 J.马库斯.投资学[M].朱宝宪，楼远，吴洪译.北京：机械工业出版社，2006.

4.薛薇.SPSS 统计分析方法及应用[M].北京：电子工业出版社，2006.

5.魏玺.中国国债回购与现券套利的实证研究[J].天津财经学院，2005.

6.方曙红，谢治宇.国债市场中的套利机会研究[J].复旦学报(自然科学版)，2008(2).

7.钟智伦.国债回购套利的原理及其运用[J].商业经济与管理，2003(5).

8.钱小安.对套利和图利的研究[J].国际金融研究，1995(1).

9.吴志峰.套利与市场均衡：对中国证券市场失衡的套利分析[D].暨南大学博士学位论文，2003.

10.董红苗.金融经济中的金融套利行为研究[D]，浙江大硕士学位论文，2003.

11.赫剑婷，苏宁，陈丽荣，吕芬.从套利交易看证券市场的有效性[J].财会研究，2004(4).

12.苏治，杜晓宇.套利能保持资本市场有效[J]，经济纵横，2005(6).

13.罗幼强.中国国债跨市场套利分析与风险度量[D]，西南财经大学硕士学位论文，2006.

14.李焰，曹晋文.中国国债市场的流动性研究[J].中国金融学，2004(2)：226—248.

15.童威，林琳，张杨.交易所与银行间国债市场定价比较[R].上证联合研究计划课题报告， 2005.

16.杨建明.公开信息与国债市场价格的价格发现过程——基于中国的经验实证分析[R].2004 年上海期货交易所博士后工作站工作论文.

担保品管理业务国际经验和国内实践研究

李杨　董屹　戴武装

银行间债券市场成立以来,从市场传统交易品种质押式回购业务中大量使用债券质押开始,到债券双边借贷中使用的债券质押,远期交易、买断式回购以及其他一些衍生品交易中使用的保证券担保和央行公开市场操作(央行质押式回购、央行买断式回购)、大额、小额质押融资业务使用的质押机制,可以说除现券外的所有业务都与担保品有着密不可分的联系,分散的担保品管理业务一直存在于市场中。而且,随着巴塞尔(Ⅱ)新资本协议的逐步实施,要求商业银行等机构实行逐日盯市,改进担保品管理,担保品管理业务在市场的发展创新中日益活跃和重要起来。

本文在研究了美国、欧洲等国际托管结算机构的担保品管理业务的运行情况基础上,结合了国内的担保品管理业务情况和国内关于担保品管理业务的需求情况,为担保品管理业务在银行间债券市场的实践提出了具体的方案设想。

近年来,由托管结算机构提供的第三方担保品管理服务大大提高了担保品本身使用的安全和效率,使得大量的闲置证券运转起来成为“隐性现金”,提高了金融交易的效率,降低了相关成本,已被各国市场参与者所广泛接受和欢迎。欧洲市场以明讯银行、欧清银行，美国以纽约银行和摩根大通为代表的国际托管结算机构更利用其自身优势，大力发展担保品管理业务，构建了担保品管理系统，向市场参与者提供第三方担保品管理服务，发展非常迅速。

一、国际市场担保品管理业务情况

（一）欧洲市场情况

目前，欧清银行和明讯银行是除美国之外的国际金融市场中担保品管理服务的两大提供商，其法律关系、协议签署和业务处理基本一致。以明讯银行的担保品管理服务为例，其担保品管理主要有以下几个特点：

一是，在卢森堡金融法律体系支持下，明讯银行在进行担保品管理业务时，存在一个明确的、宽松的法律环境，仅需参与人双方签订通用的回购协议（GMRA 协议，含所有权转移式的法律安排）和相关单项业务协议（含担保品管理补充协议）即可；二是，所支持的金融业务范围广泛：包括各国支付系统资金清算业务（如欧洲 Target 资金清算系统）、中央银行贴现窗口业务、证券清算机构中央对手方业务、金融衍生产品交易、货币市场回购业务、证券借贷业务等；三是，提供“一站式”服务（one stop service），明讯担保品管理服务涵盖了担保品分配、估值、替换、追加、返还以及担保品相关托管服务（如担保品相关收益分配、公司事务服务、税收服务）等整个过程；四是，创建了专业的担保品管理系统，构建了统一的担保品管理中心系统（CMAX 系统，目前使用二期系统）；五是，既提供结构型担保品管理，又提供交易型担保品管理。在这两种担保品管理类型下，明讯根据市场的发展和客户的个性化需求，开发和推出了一系列担保品管理产品,主要产品有三方回购、三方证券借贷业务、三方担保品管理和为自动融券(ASL 和 ASLplus)提供的担保品管理。

担保品管理业务处理基本流程为,在首期,明讯银行的担保品管理参与人仅需根据担保品管理补充协议中设置担保品篮子(basket 即符合同类标准的担保品放在同一个篮子里,如篮子 1、篮子 2 等等)来选取担保品,首期结算完成后,明讯给交易双方发送相关结算报告,该报告主要包括结算金额以及选取的担保品明细情况等;期间,进行逐日盯市(明讯为对固定收益证券担保品提供,一日 4 至 5 次估值服务),根据第三方估值,进行担保品追加、返还管理,并为参与人提供担保品的自动替换服务(当卖方用作担保品的证券出现结算需求时,明讯系统可以自动识别该需求并自动对该担保品进行替换,即从卖方托管账户上自动选取其他等额的担保品);到期结算,成功完成的返还担保品,发生违约情形时,明讯即停止相应的担保品管理服务,交易双方根据事先签订的回购协议自行处理相关事项,非违约方可对担保品进行快速处置。

(二)美国担保品管理业务情况概述

在美国,担保品管理业务主要由 DTCC、纽约银行和摩根大通提供,同时它们也是国际市场上主要的担保品管理业务服务商,业务模式基本一致。

1.法律关系与业务协议

同欧洲市场一样,美国的担保品管理业务也需要在业务开展前签署一系列相关协议,来明确和理顺在业务进行中各方的权利与义务。

相关协议分为三个层次,一是签署标准的回购协议文本,如《债券市场协会回购主协议》《全球回购主协议(2000 版)》(GMRA:由债券市场协会〈TBMA〉和国际证券市场协会〈ISMA〉联合发布）；二是签署《托管协议书》（美国国内）或《担保品管理服务协议》（国外市场参与人）；三是单项业务协议，如三方回购中的交易双方还须和纽约银行签订“三方协议”。在签署相关协议后的担保品管理业务支持所有权转移式的担保品法律结构安排，并对担保品的维护做了详细的约定。在违约处理方面，GMRA 采用终止净额结算机制，允许担保品快速处置，即当资金融入方发生违约时，融出方可迅速出售担保品，而无须通过司法程序。美国法律支持这一做法，1984 年美国通过了破产法修订案，对合格金融合同项下的担保品豁免“自动中止执行”，允许持有担保品的担保权人能够在对方违约时立即出售担保品。

2.业务处理基本流程

在首期，交易双方根据事先约定的标准（包括：证券类型、集中度水平、流动性指标〈根据证券市值、存量或者交易量确定〉等）设置担保品；期间，进行逐日盯市，根据第三方估值，进行担保品调增、调减管理，并为参与人提供担保品动态优化服务，使得担保品配置最优，为资金融入方有效地节约使用担保品；到期结算，成功完成的返还担保品，出现违约的，非违约方可根据协议约定享受担保品快速处置条款。

（三）分析

经过上述，可以看出：

1.担保品管理业务均依托托管结算机构开展，而且具有显著的规模经济和范围经济效益。目前，国际市场上担保品管理业务服务商主要是欧清银行、明讯银行、DTCC、纽约银行、摩根大通银行等中央托管机构或大型托管结算银行（国际）。

2.鉴于金融担保品的重要性和特殊性,西方发达金融市场国家大都通过立法,建立了金融担保品再使用、快速处置等有效的法律机制。担保品管理的具体形式从初期市场成员自发、自行管理发展到第三方中介管理,并向集中化、专业化、自动化的系统服务方向发展。

而我国银行间市场与欧美市场适用法律属于不同法系,所以法律法规环境存在着差异,在担保品管理业务开展中主要存在着违约时担保品不能及时处置、担保品无法再使用、“逐日盯市”机制不成熟等尚待解决的制度方面的问题。但这些并不会阻碍我国银行间债券市场担保品管理业务的发展。我们认为,银行间市场担保品管理业务的发展优势在于后发,可在现有国际、国内经验的基础上,在先进的担保品管理系统平台上,尽可能为市场提供领先、集中的担保品管理服务。

二、国内托管结算机构担保品管理业务现状及银行间市场需求情况

(一)交易所市场担保品管理业务情况

交易所市场的担保品管理服务从交易所回购,又称“标准券”回购开始,几经风雨,于2010年3月31日正式启动融资融券交易试点为标志,其担保品管理业务开始进入一个新的阶段。目前,交易所市场的融资融券业务均在担保品管理的基础上开展,也可以说,在交易所市场的担保品管理业务主要体现在融资融券业务中。

1.法理关系及相关协议

在进行融资融券交易之前,投资者要与证券公司签订载入中国证券业协会规定的必备条款的融资融券合同,并在融资融券交易风险揭示书上进行签字确认,同时委托该券商开立实名信用证券账户和信用资金账

户。另外,投资者应当在与证券公司签订融资融券合同时,向证券公司申报其本人及关联人持有的全部证券账户。

融资融券是证券公司与投资者之间发生的借贷担保行为,因此双方之间存在法律上的委托代理关系、借贷关系、担保关系。融资融券过程中,证券公司与投资者之间存在的委托代理关系与一般证券交易是基本一致的,而与普通证券交易不同在于证券公司与投资者之间存在的借贷关系与担保关系。

借贷关系在融资融券中虽然表面上与普通的资金借贷特点一致,均是借入资金或借入证券,但因融资融券的借贷发生在投资者进行证券的交易过程中,所以其与一般的资金借贷有以下不同之处:一是,证券公司所融出的资金或者证券,投资者没有取得所有权,只享有使用权。二是,投资者在融资融券时需向证券公司提供相应的担保,包括保证金以及投资者融资买入的全部证券和融券卖出所得的全部资金。三是,融资融券的借贷风险不同于一般资金借贷的风险,融资融券中的借贷风险与证券市场紧密相关,其中的风险不仅包括投资者的信用情况、偿还能力、投资经验,还包括证券市场本身的投资风险。为控制上述风险,在融资融券合同中必须约定强制平仓的相关条款。

担保关系在融资融券业务中体现为:一是,投资者从事融资融券交易必须另行开立信用证券账户、信用资金账户;二是,担保品应当存入证券公司客户证券担保账户或者客户资金担保账户并记入该客户授信账户;三是,在融资融券担保物的所有权归属上,突破了现有《担保法》的规定,将投资者提供的融资融券担保物,即资金或证券的所有权归属于担保权人即证券公司;四是,融资融券中担保物的管理和处理,投资者信用证券账户和资金账户内的担保物虽然名义上为证券公司所有,但投资者仍享有在账户内使用的权利。

2.融资融券业务基本业务流程

(1)融资业务的担保品管理业务情况

融资客户以其信用账户的资金或证券作为担保品,向证券公司申请融资买入;证券公司在与结算公司结算时,用其“证券公司融资专用账户”中的自有资金为客户垫付资金;客户融资买入的证券作为向证券公司融资的担保品,登记到“客户信用证券汇总账户”,同时记增相应的客户二级明细账户。客户偿还融资款,可采用直接还款或卖券还款两种方式。直接还款的,客户将资金划入“证券公司融资专用账户”用以偿还该客户的部分或全部融资款,卖券还款的,所得款项先偿还证券公司融资款和融资费用,剩余资金进入“客户信用资金汇总账户”,同时记增相应的客户二级明细账户。

(2)融券业务的担保品管理业务情况

客户以其信用账户中的资金或证券作为担保品,向证券公司申请融券卖出;证券公司在与结算公司交收时,用其“证券公司融券专用账户”中自有证券为客户垫付证券;客户融券卖出所得资金作为向证券公司融券的担保品记入“客户信用资金汇总账户”,同时记增相应的客户二级明细账户。客户可采用买券还券方式偿还融入证券。客户通过“客户信用证券账户”申报买券,买入证券从“客户信用证券汇总账户”划入“证券公司融券专用账户”。

(二)银行间市场关于担保品管理业务的需求情况

随着银行间市场的不断发展,集中的、系统的担保品管理业务已被市场大部分成员所关切。

从我国银行间市场的实际情况看,逐日盯市机制尚未有效建立起来,特别是广大中资金融机构还不具备逐日盯市的能力。因此,在银行间债券市场引入担保品管理业务,由托管结算机构进行专业的逐日盯市管理,不仅可以有效保证债券的足额质押,最大限度地防范回购业务中的信用风险,从而增强市场整体的风险防控水平。

近年来,随着参与者群体的不断丰富和交易量的迅猛增长,市场成员从效率和成本方面对现行回购方式提出了进一步改革和创新的需求。

一是要求实现质押债券的退还、替换和再使用功能。目前,回购业务中质押券超额不能退还,出质方存在其他结算需求时也不能替换,而对于质权方而言,也不能对质押债券进行再使用。债券一旦质押便完全沉淀下来,得不到有效利用。我们对 14 家市场成员做了抽样问卷调查,有超过一半的受调查对象将“质押券的替换和退还”列为其现在急需的担保品管理功能。

二是要求提高信用类债券和零碎债券的使用效率。从目前情况看,一方面回购债券大都集中在国债、央票等无风险、流动性好的品种,据统计,2008 年全年用于回购质押的债券有 94%是国债、央票和政策性金融债,短期融资券、中期票据和企业债券的份额不足 4%。

另一方面,多券种组合式的回购运用不多,零碎债券得不到有效使用。以 2009 年 5 月发生的质押式回购为例,有 43.71%的回购交易仅使用 1 只债券。对于基金等中小机构投资者而言,其债券投资组合较为分散化,且更注重收益性,因此这类机构投资者在进行回购融资时,迫切希望以担保品管理业务作为一个便捷、低成本的途径,将手中的包括信用类债券在内的多种零碎债券运用出去,开展多券种组合式回购。

三是要求简化交易过程, 提高交易成功率。现行质押式回购中,双方不仅要谈利率、金额、期限等资金要素，还要就质押债券具体的价值和风险情况进行评估和洽谈，谈判过程比较复杂。实践中，常常由于对债券担保品估值的不一致，使得交易前台在交易初步达成后，难以获得中后台风控部门的确认，导致交易最终无法达成。

引入担保品管理业务后，担保品管理业务可有效支持三方回购业务的开展，可以在保证足额质押的基础上向市场成员提供高效的退还、替换和再使用功能，使得质押债券得到充分运用。同时，还可以简化回购交易流程，提高交易成功率，并增强信用类债券和零散债券的使用效率，提高了市场的流动性。

通过托管结算机构集中化、专业化的担保品管理服务，可以提供比一般回购更为安全高效的交易结算机制，有利于吸引广大投资者积极参与到银行间市场中来，提升银行间市场的竞争力，进一步巩固银行间债券市场在中国债券市场中的主导地位。

三、担保品管理业务在银行间债券市场的实践设想

如前所述，银行间债券市场从质押式回购业务中的质押券开始，担保品出现于除现券交易以外的各种交易业务中。买断式回购业务、远期交易、债券双边借贷中和衍生品交易中的保证券，质押式回购业务、质押业务、央行大额、小额业务中的质押券都可纳入担保品管理业务范畴，进行统一的担保品管理。

对于市场的创新需要，目前仍处于研究阶段的部分市场创新产品如三方回购业务、中国金融期货交易所有价证券冲抵结算备付金业务和场外衍生品交易等业务的担保品管理，也应根据市场实际情况和市场的需

求,适时进行相应的支持和服务。

总体上,担保品的管理有其明显的共性部分,在业务实践中可按以下的原则、功能和基本业务流程予以实现。

(一)基本原则

担保品管理系统的建设一是要立足我国债券市场,将国际经验与国内实际相结合;二是要依托中央托管结算机构,充分发挥托管结算基础设施的功能;三是要坚持安全性、稳健性原则,加强风控机制设计,全面落实风控措施。

(二)基本功能

担保品管理系统主要功能包括:用户管理、质押券、保证券范围管理、质押券、保证券排序管理、担保品估值、业务风险敞口管理、担保品调增调减管理和担保品多维度综合查询、报表输出等一揽子的担保品管理服务。

在现有质押式回购的基础上,建立以逐日盯市为核心的担保品管理机制;中央结算公司作为第三方,依托中央债券托管结算业务平台,担当担保品管理人角色,受回购双方委托,进行集中化、专业化的担保品管理。

(三)基本业务流程

建设中的担保品管理系统的担保品管理业务处理流程为,根据簿记系统等其他相关业务处理系统业务处理完成后形成的质押券或保证券等进行前端、中端及后端的担保品管理。前端即参与人管理和根据不同业务需要,预设 CMS 系统管理参数(包括参与人、券种范围、券种排序、质押率等);中端即接受相关业务处理系统的业务处理结果,提取担保品相关信息后对担保品进行估值;后端即包括计算、敞口管理(保证券增、退指令)和报表输出。

国债充抵期货保证金业务开展途径的法律探究

徐良堆　王祎　张志杰　孙翊宸　吕尚峰　孙琪

摘　要：本课题主要是介绍国债担保品概述和我国法律对国债担保品业务的规范及存在的问题、我国担保品登记托管问题的研究。得出国债是最理想的担保品种类，从国内市场的实践来看，国债充抵担保品已经为市场各方广泛认可，并已在诸多业务中开展了长期实践，为国债担保品的进一步发展积累了丰富经验，奠定了坚实基础。托管机构已经建立了完备的担保品管理系统，具备丰富的国债担保品管理经验。可以提供担保品的选择、计算、盯市、替换、调整等一系列的服务，为担保品管理业务的进一步发展提供强有力的保障，因此担保品应由登记托管机构统一管理。同时结合我国法律对国债担保品业务的规范及存在的问题的情况，重点比较了转移占有和权利质押两种业务模式的优势和存在问题，积极探索一条既符合法律规定又适应市场实践，且可持续发展的道路。

关键词：国债　担保品　充抵　权利质押　转移过户

一、国债担保品概述

(一)国债是最理想的担保品

国债是国家财政部门用以补充财政资金来源的重要工具,是一个国家主权信用的象征,也是备受投资者青睐的投资工具。而在金融交易领域中,国债因其价值稳定、流动性好、违约风险极低、价值易发现等优点,成为最主要也是最优质的担保品。

1.违约风险极低

国债是国家以其信用为基础,由中央政府通过向社会筹集资金所形成的债权债务关系,是中央政府向投资者出具的、承诺在一定时期支付利息和到期偿还本金的债券债务凭证。由于发债主体是国家,因此具有最高的信用等级,违约风险极低,故国债利率也被作为无风险的基准利率。

2.流动性好

从国内外经验来看,国债在二级市场的交易非常活跃,结算量较大,流动性风险很低。截至 2014 年底,国债现券交易规模达 5.73 万亿元,占银行间市场总现券交易规模的 18.5%;回购交易规模达 83.6 万亿元,占银行间市场总回购规模的 39.15%。

3.价值稳定

因为违约风险低、具有稳定的现金流收益,流动性好,因此国债的市场价值普遍稳定。即使在金融危机发生时,投资者因避险需要,更倾向于将资金投向国债,因此国债价格很难出现大起大落的现象,价值波动较为平缓。

4.价值易发现

因为流动性好，市场上普遍存在大量优质的国债价格信息，可以为价值发现提供良好的信息源，而且，国债收益率曲线是其他有价证券估值的基准，因此市场上必然存在为多数投资者认可的国债收益率曲线，可为公允价值的确定提供估值数据，使得国债价格的发现较其他证券更加方便与准确。

5.成本极低

一方面，因为国债风险低、价值稳定，因此很多投资者对于国债有配置型需求，将这些长期持有的国债充抵担保品并不会增加出质人的负担；另一方面，目前全球范围内的国债大多实现了无纸化，均于证券托管机构托管，且后者大多能够提供专业的担保品管理服务，因此对于质权方而言，管理成本也非常低廉。

（二）国债充抵担保品的意义

1.有效控制风险

因为国债违约风险极低、流动性好、价值稳定，满足优质担保品的全部条件，因此用国债充抵担保品可以较好地覆盖质权方的风险敞口，有效控制违约风险。

2.盘活存量国债

因为大多数投资者对国债有配置型需求，投资的国债有较大部分为持有到期，造成市场上大量国债沉积，若能运用这部分国债充抵担保品，则可以盘活存量资产，提高资产利用效率。

3.降低资金成本

若运用现金充抵担保品，虽然其流动性好，价值稳定且不存在违约风险，但其将增加出质方的资金占用成本。而国债因为其安全性较高，被市场普遍认为是“准现金”。因此以国债充抵保证金在不损失安全性的同时，可以大大降低资金占用成本。

（三）强大的担保品管理系统支持

建立完善的担保品管理系统，是国内多年实践的重要经验之一。中央结算公司作为债券市场的基础设施提供者，承担了绝大部分债券的登记托管职责，中国人民银行《银行间债券市场债券登记托管结算管理办法》又赋予了其“提供债券等质押物的管理服务”的职能，中央结算公司的中债估值也得到了广泛运用，因此其具备担保品管理的天然条件。中央结算公司通过对原有的担保品管理功能进行集中整合、升级改造，构建了专门的担保品管理服务系统。目前，系统可实现自动化的担保品选择、计算、质押、解押、盯市、替换、调整等功能，能够支持质押式回购、买断式回购、远期交易、债券借贷、国库现金管理、大额支付系统自动质押融资、小额支付系统质押额度管理、社保基金资金管理、商业银行协议存款等多种业务中的担保品管理。通过自动化、智能化、参数化的管理方式，可以克服担保品自身可能存在的流动性不足、价值波动、存在违约可能等一系列的缺陷，为相关担保品管理业务的进一步发展提供了强有力的保障。

中国结算公司的担保品管理系统主要是为转融通业务中的债权债务双方（即：担保品提供方与收取方）提供的担保品管理服务，具体包括担保品缴存、提取、替换、买卖、返还、盯市追缴、权益处理、违约处置、查询统计等。

二、担保品登记托管及管理

（一）债券登记托管机构须由主管部门指定

我国国债的债权登记托管机构由主管部门指定，无论采用何种业务模式开展国债充抵保证金业务，均应按照我国国债现行登记托管体系，担保品管理由登记托管机构统一管理，交易所应配合登记托管机构共同做好担保品管理工作。

1.中央结算公司托管体系

《中华人民共和国国债托管管理暂行办法》第五条规定：国债托管实行全国集中、统一管理的体制，财政部授权中央国债登记结算有限责任公司依本办法按照不以营利为目的原则主持建立和运营全国国债托管系统，并实行自律性管理。

《银行间债券市场债券登记托管结算管理办法》第五条规定：中央国债登记结算有限责任公司是中国人民银行指定的债券登记托管结算机构。第六条规定：债券登记托管结算机构承担债券中央登记、一级托管及结算职能；经中国人民银行批准的柜台交易承办银行承担商业银行柜台记账式国债的二级托管职能。

可见，在银行间债券市场实行一级托管模式，中央结算公司为总托管人；柜台市场实行二级托管模式，中央结算公司为一级托管人，经中国人民银行批准的柜台交易承办银行为二级托管人。债权确认只能由授权的托管机构进行，各托管机构均须取得监管部门批准资格。

2.中国结算公司托管体系

《证券登记结算管理办法》第八条指出："证券登记结算机构履行证

券持有人名册登记及权益登记职能”;第二十六条指出:“上市证券的发行人,应当委托证券登记结算机构办理其所发行证券的登记业务”;第二十七条指出:“证券登记结算机构根据证券账户的记录,确认证券持有人持有证券的事实,办理证券持有人名册的登记”。由此进一步明确了登记托管机构进行证券登记及确认权利的职责。

交易所市场实行二级托管模式,即实际投资人在证券公司开立证券账户,证券公司再以结算参与人的名义在中国结算开立证券账户。对于跨市场流通品种实行总分托管,即中央结算公司为总托管人,中国结算公司为分托管人。

3.中金所与债券确权

中金所为金融期货交易场所,并不具备证券登记托管机构资格。若将出质人的债券直接过户至中金所账户,而由中金所对出质人的债权进行确认,甚至进一步以此为准完成付息兑付的话,则超越了中金所的业务范围,此部分债权确认及以此为基础的所有相关业务均无法得到法律上的认可。

(二)担保品管理应以登记托管机构为主

保证金须交由第三方单独存管而非直接由质权方管理,[①]同样,充抵保证金的债券也应由债券登记托管机构管理。根据《证券法》规定,管理和处置担保品是证券登记托管机构的职责。[②] 如中国结算公司在标准券

① 《期货交易所管理办法》第六十九条期货交易所向会员收取的保证金,只能用于担保期货合约的履行,不得查封、冻结、扣划或者强制执行。期货交易所应当在期货保证金存管银行开立专用结算账户,专户存储保证金,不得挪用。

② 《证券法》一百六十七条规定,结算参与人未按时履行交收义务的,证券登记结算机构可以按业务规定处置用于担保的证券。

回购、融资融券等业务中之所以可以管理并处置担保品,是其履行登记托管机构的职责。中央结算公司是监管部门指定的担保品管理机构,[①]理应承担担保品的管理职责。因此,不管担保品是否能够过户,担保品的管理均应以证券登记托管机构为主,交易所应配合登记托管机构共同做好担保品管理工作。

三、我国现行法律对国债充抵交易保证金制度的规范

国债因违约风险低、流动性高、价值稳定,已成为国内外市场应用最广泛的担保品,而以国债充抵交易保证金,将提高资金使用效率,降低交易成本,盘活存量国债,对市场发展具有重要意义。研究国债充抵保证金问题须从法律基础、市场环境、业务规则、实务操作等各方面进行深入分析,探索出一条既符合法律规定又适应市场实践,且可持续发展的道路。国债充抵保证金业务的顺利开展有赖于正确的路径选择和合理的制度构建,目前我国开展国债充抵保证金的担保安排有两种可考虑的途径:一是基于《担保法》和《物权法》构建的权利质押模式;二是采用的转移占有模式。户内质押模式有明确法律依据,按此模式开展国债充抵保证金业务契合现行法律要求。但直接质押模式需通过转质押适应我国证券期货市场分层管理体系。转移占有模式在担保品处置方面更加高效便捷,符合我国证券期货市场的分级结算体系安排。但是,国债的转移占有模式不属于我国《物权法》规定的担保种类,以转移占有模式开展国债充抵期货保证金业务需要解决法律依据问题。

---

① 《银行间债券市场债券登记托管结算管理办法》第三十一条规定:债券登记托管结算机构可依法为债券持有人提供债券质押登记服务。

（一）户内出质的优势与不足

1.户内出质登记是债券质押的唯一合法形式

依照我国《物权法》与《担保法》，保证金交易的法律属性为担保物权。担保物权是指为确保债权的实现，在债务人或第三人的物上设定的以直接取得或者支配其交换价值为内容的权利。担保物权包含抵押与质押两种基本类型，前者主要针对不动产而言，后者则针对动产与权利而言。所以，保证金交易在本质上应为一种质押制度。

我国《物权法》第二百零八条规定：为担保债务的履行，债务人或者第三人将其动产出质给债权人占有的，债务人不履行到期债务或者发生当事人约定的实现质权的情形，债权人有权就该动产优先受偿。前款规定的债务人或者第三人为出质人，债权人为质权人，交付的动产为质押财产。《担保法》第六十三条也作出了类似规定。在保证金交易制度中，保证金提供方即为出质人，接受方即为质权人，而保证金即为质押财产。

以质押财产的标的不同，《物权法》与《担保法》将质押细分为动产质押与权利质押。《担保法解释》的"动产质押"部分第八十五条规定，债务人或者第三人将其金钱以特户、封金、保证金等形式特定化后，移交债权人占有作为债权的担保，债务人不履行债务时，债权人可以以该金钱优先受偿。说明保证金属于动产质押。《物权法》"权利质权"部分第二百二十三条规定，债务人或第三人有权处分的下列权利可以出质：汇票、支票、本票、债券……说明充抵保证金的债券应当属于权利质押。

动产质押与权利质押的质权生效方式不同：

动产质押，质权于质物交付时设立。《物权法》"动产质权"部分第二百一十二条规定，质权自出质人交付质押财产时设立。该条用于规范动产质押行为，也就意味着属于动产质押的保证金符合该条规定，因此现金作为保证金应转移占有。

而对于权利质押，有权利凭证的，质权自权利凭证交付质权人时设立；没有权利凭证的，质权自有关部门办理出质登记时设立。《物权法》第224条规定：以汇票、支票、本票、债券、存款单、仓单、提单出质的，当事人应当订立书面合同。质权自权利凭证交付质权人时设立；没有权利凭证的，质权自有关部门办理出质登记时设立。因此，对于汇票、支票等，因其具有实物形态的权利凭证，若不转移占有则质押失去意义；但对于没有权利凭证的，因为其权利以在登记托管机构的记载为依据，因此质押以登记托管机构的出质登记为准。现下中国，债券已完全实现无纸化发行，实行电子化确权，已无实物权利凭证。因此对于债券而言，只能选择经由登记托管机构的户内出质模式，而并不存在法律认可的其他形式。

此外，我国《物权法》《担保法》的立法体系将物权明确区分为所有权、用益物权、担保物权等，也就意味着担保物权与所有权有着清晰的边界。《物权法》第四十条规定：所有权人有权在自己的不动产或者动产上设立用益物权和担保物权。用益物权人、担保物权人行使权利，不得损害所有权人的权益。说明不管是保证金还是质押券，不管是动产质押还是权利质押，质物的所有权仍属于出质方，并不转移至质权方。

在我国现有的股票质押贷款业务中，也体现了对于性质上不能以交付权利凭证而设定质权的财产权利，则以登记为质押合同生效和质权设定的要件的法律精神。根据我国《物权法》第二百二十六条的规定，以基金份额、证券登记结算机构登记的股权出质的，质权自证券登记结算机构办理出质登记时设立；以其他股权出质的，质权自工商行政管理部门办理出质登记时设立。为此,2008 年国家工商总局颁发了《工商行政管理机关股权出质登记办法》也进一步明确和落实了股权质押登记的实施细则。在股票质押贷款业务中,证券登记结算机构与工商行政管理部门均可实现充抵担保品的股票的快速处置。因此,同属证券的债券理应比照股票进行出质登记质押。

综上,户内出质登记是债券质押的唯一合法模式,在国内债券全部实现电子化的大前提下,并不存在其他的合法质押形式,而质押的根本前提是不转移质物的所有权。

2.户内出质需采用转质押匹配期货市场分层管理

我国期货市场的组织结构实行分层管理,期货交易的结算和风险管理按照交易所对会员、会员对投资者进行逐层管理,实行会员分层结算的交易所会员又分为结算会员和非结算会员两个层次。转质押是指在质权关系存续期间,质权人以自己的责任或经出质人同意,为供自己或他人债务的担保,将质权转移于第三债权人而为其设定新质权的行为。因此,户内出质模式需采用转质押适应期货市场分层管理要求,若以直接质押模式开展国债充抵保证金业务将难以匹配期货交易中投资者、会员、交易所多层次的债权债务关系。

(二)转移过户的优势与不足

1. 转移占有模式相关优势

以转移占有模式开展国债作为保证金业务,作为保证金的国债将最终过户至交易所账户,符合我国期货市场分级结算的制度设计。转移占有模式在安全性和担保品处置效率方面优于质押模式,符合我国期货市场的分级结算体系安排,并已在我国证券市场的融资融券和转融通业务中进行了成功实践。

2.“转移过户”模式缺乏法律依据

在我国现有的法律规定下，合法质押权成立的前提有二：其一，担保品的所有权不能发生任何形式的变动；其二，担保品发生法律意义上的交付。

法律意义上的交付包含转移占有和出质登记两种形式，其中转移占有主要适用于动产质押，而出质登记则主要适用于权利质押。但需要强调的是，转移占有与转移过户具有明显不同。转移占有是指基于租赁、借用、担保等民事行为或者基于司法扣押等民事行为以外的原因，发生的占有权由一方民事主体转移至另一方民事主体的占有权变动过程。而转移过户指基于买卖、互易、赠与、遗赠等民事行为或者基于继承、诉讼时效等民事行为以外的原因，发生的所有权由一方民事主体转移至另一方民事主体的所有权变动过程，如房产、货物、股权、债权的过户均意味着所有权的转移。即转移过户模式已经超出了担保质押范畴。

既然户内出质登记是法律认可的债券质押的唯一模式，那么其他模式均不符合相关法律规定。所谓的“转移过户”模式不仅转移了控制权、处置权等，也一并转移了担保物的所有权。“转移过户”模式至少在三方面违反了法律规定：

第一，转移过户模式违反《担保法》关于担保方式的规定。《担保法》第二条规定，本法规定的担保方式为保证、抵押、质押、留置和定金。《担保法解释》第一条规定，当事人对由民事关系产生的债权，在不违反法律、法规强制性规定的情况下，以担保法规定的方式设定担保的，可以认定为有效。可见，《担保法》规定的担保方式并不包含过户，而没有以担保法规定的方式设定担保的,其有效性无法得到法律承认。

第二,转移过户模式违反《物权法》关于担保物所有权的规定。《物权法》第四十条规定,担保物的所有权应归担保人,而不应转移至担保权人。而转移过户模式则是在交易的一开始就已将担保物的所有权转移至担保权人,只有待债务履行完毕,担保物的所有权方可回归担保人。这样的做法显然违反了《物权法》关于担保物所有权的规定。

第三,转移过户模式违反了禁止流质原则。《担保法》《物权法》均明确禁止流质,即禁止双方当事人在担保合同中预先约定,债务人届期未履行债务时,担保物归担保权人所有。而在转移过户模式下,担保人提供担保的方式是将担保物的所有权转移给担保权人,即当债务未届清偿期之前债权人就已经获得了担保物的所有权,明显违反了禁止流质原则。

综上,“转移过户”模式在我国并没有相应的法律支持,若将其作为债券质押模式将存在巨大的法律风险,若发生法律纠纷难以找到合法合理的依据。

四、相关结论及建议

在相关新法律法规出台之前,可考虑权利质押模式作为试点过渡方案。权利质押模式下,我们认为国债转质押具有法律依据且可行,应采用转质押适应证券期货市场的分层管理要求。同时必须做好质押债券的违约处置制度安排,建议通过交易所和托管机构业务规则、会员与客户的业务协议等方式明确相关违约处置条款,若发生违约情况,由国债登记托管机构按照相关业务规则及协议约定,配合执行担保品的处置。

（一）完善相关法律法规，解决转移占有模式的法律依据问题

依据我国现行法律法规，以权利质押模式开展国债充抵保证金业务的法律依据最为明确，但是从维护市场长期安全稳定运行来看，转移占有模式应是开展国债充抵期货保证金业务的最佳路径。建议以《证券法》修改和《期货法》立法为契机，从法律层面解决转移占有模式在我国证券期货市场的法律依据问题。近阶段，建议通过监管部门出台相关管理办法方式，为转移占有模式提供支持。以转移占有模式开展国债充抵期货保证金业务，不仅符合国际通行的最佳业务实践，也与我国期货市场现金保证金业务的运作模式和证券市场融资融券的业务实践相一致，符合我国证券期货市场的未来业务发展方向，因此由监管部门出台相关管理办法解决转移占有模式的法律依据具有可行性。

（二）质押模式下，用转质押方式解决证券期货市场分层管理问题

我国证券期货市场实行分层管理体系，保证金的收取也是分级进行的，当使用国债充抵保证金时，沿用现有的保证金交收模式，客户需先将其国债质押给会员，会员再将国债转质押给交易所，才能完成国债充抵保证金的交收流程。但是，我国现行《担保法》和《物权法》对国债转质押问题有着不同的规定：

《担保法司法解释》第九十四条规定：质权人在质权存续期间，为担保自己的债务，经出质人同意，以其所占有的质物为第三人设定质权的，应当在原质权所担保的债权范围之内，超过的部分不具有优先受偿的效力。转质权的效力优于原质权。质权人在质权存续期间，未经出质人同意，为担保自己的债务，在其所占有的质物上为第三人设定质权的无效。质权人对因转质而发生的损害承担赔偿责任。说明《担保法》允许转质押。但

《担保法司法解释》第一百零一条又规定:以票据、债券、存款单、仓单、提单出质的,质权人再转让或者质押的无效。若依据此条,国债无法转质押。

另一方面,《物权法》第二百一十七条规定“质权人在质权存续期间,未经出质人同意转质,造成质押财产毁损、灭失的,应当向出质人承担赔偿责任。”通过此条规定可知,我国《物权法》承认承诺转质。承诺转质是指质权人征得出质人的同意而将质押财产转质于第三人的行为。

同时,《物权法》第一百七十八条规定“担保法与本法的规定不一致,适用本法”。《担保法》所规定的“国债无法转质押”与《物权法》所规定的“国债可以转质押”存在冲突,依据《物权法》第一百七十八条的规定,《担保法司法解释》中关于“债券在转让或质押无效”的条例失效。因此,我们认为国债转质押是有法律依据且可行的,开展国债充抵保证金业务时,可以采用转质押模式满足证券期货市场的分层管理要求,即通过规则或协议方式要求参与国债充抵保证金的客户同意转质押,客户将债权质押给会员,会员再将债权质押给交易所。

(三)质押模式下,做好质押债权的违约处置安排

《物权法》与《担保法》虽然都明确禁止流质,但对快速处置仍留出了空间。如《物权法》第二百一十九条规定,债务人不履行到期债务或者发生当事人约定的实现质权的情形,质权人可以与出质人协议以质押财产折价,也可以就拍卖、变卖质押财产所得的价款优先受偿。《担保法》第七十一条也有类似规定。《证券法》则规定,结算参与人违约,证券登记结算机构可以按业务规定处置用于担保的证券。由此可知,当使用证券充抵担保品或用于充抵保证金时,只要出质人与质权人事先通过协议、业务规

则等形式确定违约处理形式，则在债务人违约时，可由证券登记结算机构根据双方事先的约定拍卖或按市场价变卖相关证券，债权人就所得价款受偿，快速处置并无障碍。具体来说，开展国债充抵期货保证金业务时，可以通过交易所业务规则，会员与客户的业务协议等方式明确相关违约处置条款，若发生违约情况，由国债登记托管机构按照相关业务规则及协议约定，配合执行质押券的处置。另外，对于质押券对抗强制执行的问题，可由监管部门出台相关规定或通过交易所业务规则来明确，国债登记托管机构按照有关规定或交易所业务规则的配合解决质押券的强制执行问题。

（四）担保品由国债登记托管机构统一管理

我国国债的债权登记托管机构须由主管部门指定，国债充抵保证金业务中，交易所并不具备证券登记托管机构资格。因此开展国债充抵保证金业务时，不管采用何种业务模式，均应按照我国国债现行登记托管体系，担保品管理由登记托管机构统一管理，托管机构提供担保品核算、盯市、置换、调整，以及担保品相关的登记、确权、付息兑付等统一服务，交易所应配合登记托管机构共同做好担保品管理工作。

中债指数与宏观经济指标相关性初探

刘凡　卢遵华　李婧　何苗　焦裕龙

前　言

一直以来,由于中国资本市场尤其是股票市场的发展尚待成熟,决定股票价格走势的主要因素更多的时候是供求关系、重大政策以及上市公司消息,股票价格的变化与经济基本面运行态势结合的紧密程度不高。那么债券市场是否也存在同样的状况?本文旨在从经济基本面与债券市场变化的角度试着观察指标之间的是否存在相关关系,进而分析中债指数的内在变动机理,从而为债券市场投资提供一定的参考。

一、中债指数与主要宏观经济指标的关系

Ludvigson S, Ng S. (2005)认为,如果债券的超额回报率来自于风险溢酬的理性变化,它应该与宏观经济变量相联系。一般来讲,中国债券市场的变化主要基于对未来经济、利率水平的判断以及货币政策的调整,因

此对于PPI、消费、投资、进出口、信贷增速、货币供应量等各种宏观经济变量的观察，归根结底是对未来经济运行情况、物价水平以及由此引发的宏观经济政策变化的可能性的预测，因此这里重点对中债指数与CPI、GDP两个指标的关系进行分析。

1.中债指数与CPI的关系

居民消费价格指数（CPI）作为一个反映经济运行状况的重要指标，一直以来为银行间债券市场的投资者所关注，并成为影响债券价格走势的关键要素之一。从经济内在机理来看，CPI与债券指数应该呈现反向变动的关系，这一关系可以从以下几个方面来解释。

首先，CPI影响实际利率水平。

CPI反映了物价水平的增长速度，同时也为市场提供了储蓄、贷款以及投资等多种经济活动的参照标准。在借贷过程中，从债权人方面讲，不仅要承担债务人到期无法归还本金的信用风险，而且要承担货币贬值的通货膨胀风险。如果物价水平在上涨，而投资者对于债券要求的收益率不变，实际利率将会下降，投资者收益将受到损失。为避免通货膨胀给投资带来的损失，债券投资者会在原来的基础上考虑通货膨胀率因素，从而得出一个新的对债券资产要求的收益率。相反，在物价水平下降时，实际利率会上升，投资者收益会增加，可以降低对债券收益率的要求。

第二，投资品的替代作用。

当CPI上升到一定程度时，往往是经济运行非常活跃的时候。这个时候往往呈现实体经济和股票市场的双繁荣，投资机会较多，而且收益率要远超过银行存款利率和债券利率，与这些投资机会相比，债券的吸引力将大打折扣。对于有效的市场来说，投资者对债券将会要求一个更高的内部收益率，从而拉近与其他投资机会之间的差距，导致债券价格的下跌。另一方面，由于股票市场和债券市场具有联动性，资金的流入流出也通过两个市场的供求关系体现为投资品价格的此消彼长。当资金流入收益更高的股票市场时，债券市场价格就会随之下跌。当 CPI 增速下降甚至物价增速为负时，往往是经济不景气的时候，这时投资者会寻求风险相对较小的投资渠道，债券价格随之上涨。

第三，改变市场预期。

目前各国均把对 CPI 的增速作为宏观经济政策的监控目标之一，由于发达国家和发展中国家的发展速度以及经济运行稳定状况各不相同，因此如何确定通货膨胀状态的衡量标准，至今仍然没有统一的答案，更多的时候是根据本国经济运行态势以及历史通货膨胀率的经验来判断。当 CPI 高涨并超过一定程度的时候，意味着经济的过热增长，从而引发市场对于加息预期的猜测，从而提前反映在债券价格上。另外从风险偏好的角度讲，Brandt，Wang（2003）提出一个理论模型，使投资者的风险厌恶程度与通货膨胀的非预期变化有关，并从实证上证明了通货膨胀率的突然增加，将导致投资者的风险厌恶增加，从而对债券要求较高的预期回报率。相反，当 CPI 走低使市场产生通货紧缩预期时，就会产生对宽松的货币政策的猜测，从而抬高债券价格。

综合以上因素，投资者往往会在物价指数上涨的时候要求一个较高的收益率，从而提高债券现金流的折现率，压低债券市场价格。相反的，当物价下跌或物价增速没有预期的那样高时，投资者会更倾向于债券投资，债券价格将上升。

2.中债指数与 GDP 的关系

GDP 反映了一国的生产能力的大小,也是反映经济活跃程度和宏观政策监控的重要指标。在现实的债券市场中,投资者对 GDP 关注的往往是增速,而不是绝对量本身。从中国近年来的经济发展过程来看,GDP 基本保持了 10%左右的增速,即便是在全球金融危机的 2008 年,中国经济增速仍然达到了 9.1%的水平,可以说在目前的发展阶段,实现 GDP 绝对量的增长基本没有悬念,人们更加关注增长的速度是否可持续。当 GDP 增速较高时,说明经济活动比较活跃,相关资产收益率较高,从而使资金流向回报率更高的领域,提高了债券市场的必要收益率,引起债券价格的下跌。当 GDP 增速较低时,说明经济面临下行风险,相关资产收益率降低,风险提高,投资者会更加倾向于更安全的债券市场,引起债券价格的上涨。

二、中债指数与 CPI、GDP 的相关性分析

1.中债综合指数与 CPI 之间的相关关系

中债综合指数是中债指数中反映全市场债券价格走势的指标,中债综合指数净价(Clean Price)是反映剔除利息再投资因素后债券本身市场价值的指数,因此使用净价更能够反映债券价格与宏观经济指标的变化关系。通过计算可以看出,中债综合指数(净价)与 CPI 呈现较为明显的负向相关关系,并且近年来两者的相关性正在逐渐增强,由 2002 年以来的-0.6213 增加到 2007 年以来的-0.7820。

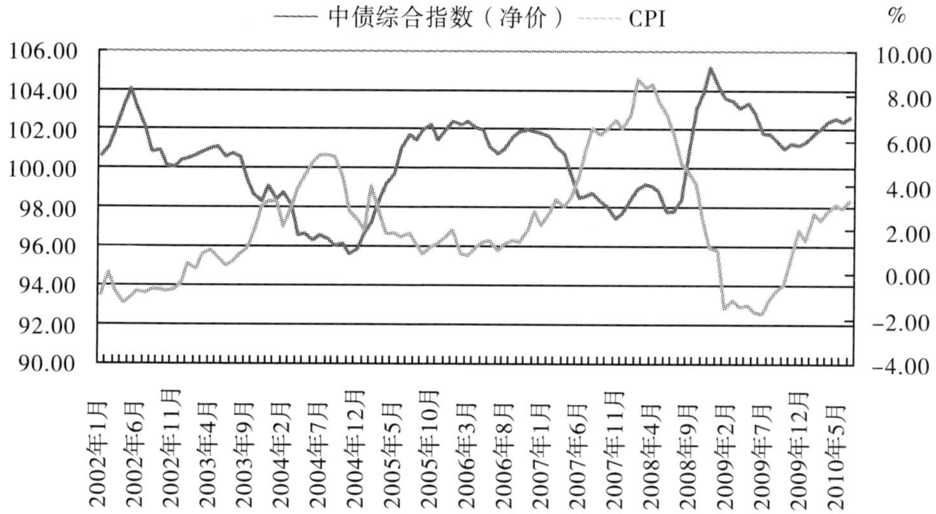

图1　中债综合指数(净价)与CPI走势

样本区间	2002年以来	2006年以来	2007年以来
相关系数	-0.6213	-0.7809	-0.7820

数据来源:中央结算公司

中债综合指数(净价)与GDP的相关系数,用2002年以来的全样本进行计算仅为-0.3164,自2006年以来才开始呈现较为明显的负向相关关系。这一方面是由于2006年开始中债指数进行了一次升级,编制方法的科学性得到了很大提高,对于债券价格的反映更加贴切,同时GDP数据为季度数据,可获得的样本点比CPI等月度数据少了3/4,计算结果的可靠性也受到了影响,因此后面我们将着重分析中债指数与CPI之间的相关关系。

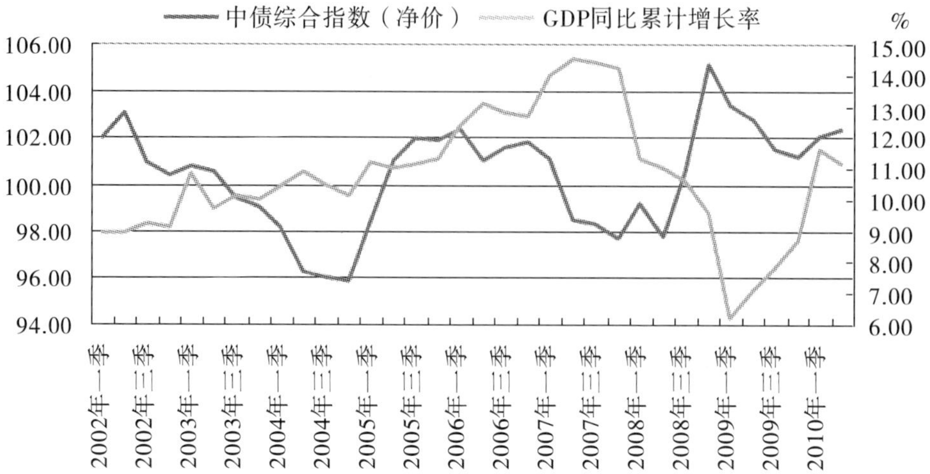

图 2　中债综合指数(净价)与 GDP 增速走势

样本区间	2002 年以来	2006 年以来	2007 年以来
相关系数	-0.3164	-0.5614	-0.6662

数据来源:中央结算公司

2.中债固定利率债券指数、中债浮动利率债券指数与 CPI 相关性比较

由于中债综合指数包括固定利率债券和浮动利率债券,两种计息方式不同的债券价格对宏观经济指标有不同的反映。固定利率债券的票面利率不变,也就是每个付息期的现金流不变,当市场要求的收益率下降时,折现率下降,债券价格上涨;市场收益率上升时,则刚好相反。而浮动利率债券则具有一定的抵御利率风险的能力,当市场收益率下降时,浮动利率债券将有机会根据市场利率水平对未来付息现金流进行调整,进而使债券价格更趋于稳定。

中债固定利率债券指数与中债浮动利率债券指数自 2006 年 11 月开

始发布，因此以2006年11月到2010年7月作为观察期，来比较两种指数对与CPI的敏感程度。经过计算，中债固定利率债券指数(净价)与CPI的相关系数为-0.7823，中债浮动利率债券指数(净价)与CPI的相关系数为-0.6886。这也印证了上面对于两类债券变动的判断，从各指标走势图中可以较为明显地看出，中债浮动利率债券指数走势与CPI的变化关系没有中债固定利率债券指数那么明显，也就是说中债固定利率债券指数对CPI反映更加灵敏。

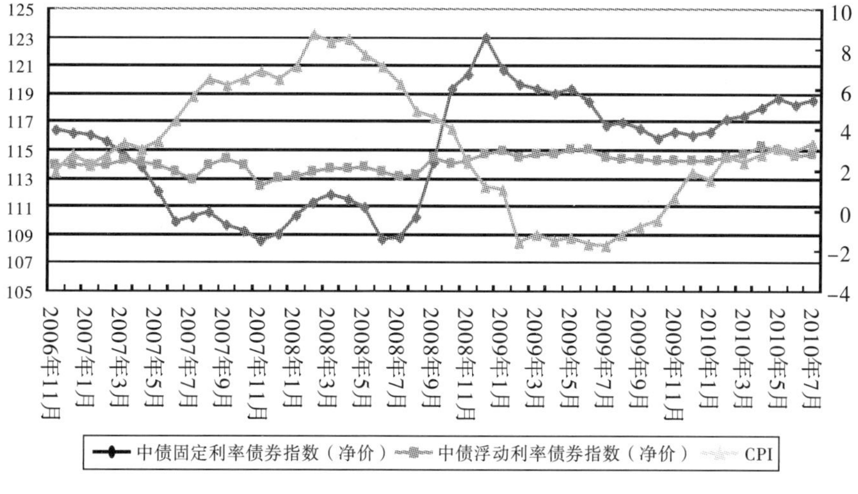

图3　中债固定利率指数(净价)、中债浮动利率指数(净价)与CPI走势

数据来源：中央结算公司

3.中债各券种指数与CPI之间的相关关系

我们选取具有代表性的中债银行间固定利率国债指数、中债银行间政策性金融债指数、中债银行间中短融指数与CPI进行相关性分析，发现三种债券类型的价格走势都与CPI保持较为明显的负相关关系。中债固定利率金融债指数与CPI的相关关系最强达到0.8148，其次是中债短融总指数0.8093，相关关系较弱的是中债固定利率国债指数0.7536。

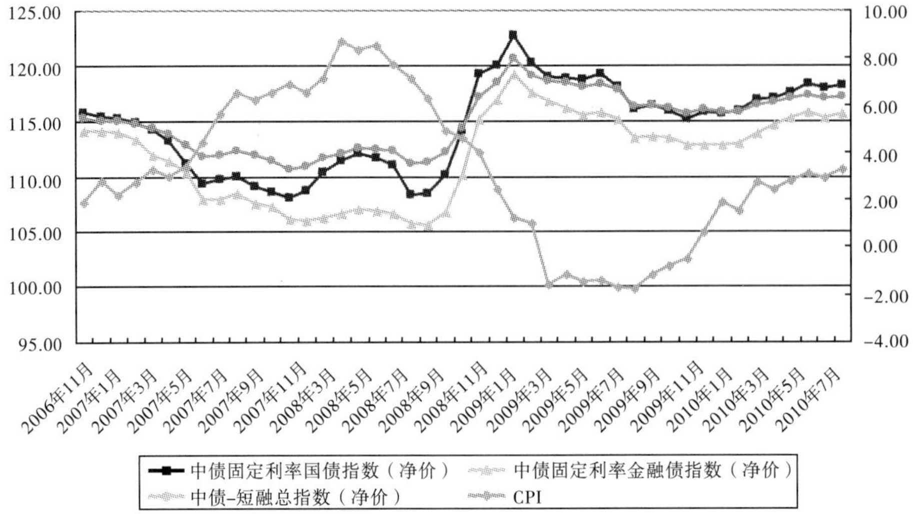

图 4　中债各类指数(净价)与 CPI 走势

指数类型	2006 年 11 月以来
中债固定利率国债指数	-0.7536
中债固定利率金融债指数	-0.8148
中债短融总指数	-0.8093

数据来源:中央结算公司

三、中债指数的领先性分析

通过前面对同一时间点的数据进行分析,我们发现中债固定利率指数与经济指标的相关性最强。下面再来分析一下,不同时间点上各宏观经济指标与中债固定利率指数之间的领先与滞后关系。经对各指标的逐一判断,我们挑选出 CPI、信贷增速、货币供应量增速三个指标来研究中债固定利率指数的领先性。

1.中债固定利率指数与 CPI

通过将中债指数不同领先期（滞后期）[①]数据与 CPI 进行相关性判断，我们发现在中债指数领先期为两个月处，也就是说两个月前的月末中债固定利率债券指数与 CPI 走势的相关性最强，指数将先于 CPI 两个月进行反向调整。对于这种领先性，可以从预期的角度来解释。债券市场的大量研究人员不断地对以 CPI 和 GDP 为主的宏观经济数据进行分析判断和预测，并且将这种预测通过具体的交易行为反映到债券的市场价格上，而中债指数则恰恰通过反映市场价格的变动将这种预测反映出来。也正是由于预测与现实之间存在着较大的差异，使得中债指数与 CPI 的相关性时高时低，并不能够达到一种近乎完美的相关程度。

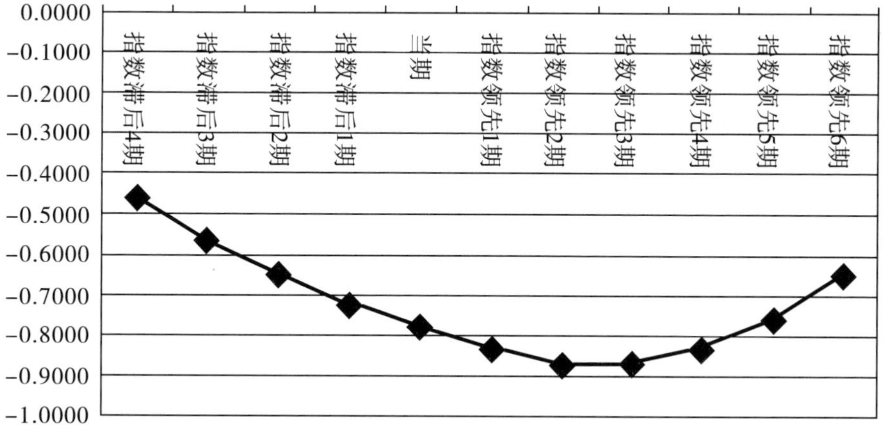

图 5　中债固定利率债券指数不同领先期（滞后期）数据与 CPI 相关系数比较

指数领先（滞后）期数	与 CPI 相关系数
指数滞后 4 期	-0.4615

① 一个月为一期。

指数滞后 3 期	−0.5654
指数滞后 2 期	−0.6519
指数滞后 1 期	−0.7259
当期	−0.7823
指数领先 1 期	−0.8368
指数领先 2 期	−0.8764
指数领先 3 期	−0.8692
指数领先 4 期	−0.8372
指数领先 5 期	−0.7601
指数领先 6 期	−0.6538

数据来源:中央结算公司

2.中债固定利率指数与信贷

计算发现,中债固定利率指数对信贷增速也存在一定的领先性。中债固定利率指数领先期为 4 个月时,两个指标的相关系数达到最大值 0.8012。由于中国信贷市场目前在一定程度上还在受政策的控制,因此信贷市场的变化与经济运行状况有关。当经济繁荣时,物价存在上涨趋势,政策面则不鼓励银行大量放贷来助长经济的过热,这时企业自有资金充裕,对于银行的依赖性也较小,因此信贷的增速比较低且较为稳定,而这时债券市场往往呈下行走势;当经济出现萧条时,债券市场往往是一片繁荣景象,但这时企业经营困难,政策将会鼓励银行向实体发放贷款,帮助企业摆脱困境、扩大生产以及引进新技术,从而推动经济的平稳发展,贷款的增速将会明显提高。由于政策的制定、传导和实施都具有一定的滞后性,因此债券市场价格的上涨将会先于贷款增速上涨而出现,其背后的共同原因仍为经济基本面的变化。

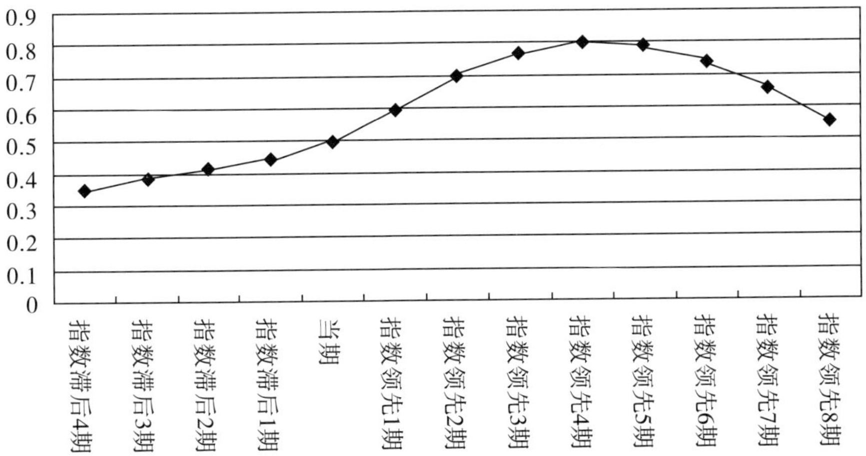

图 6　中债固定利率债券指数不同领先期（滞后期）数据与信贷增速相关系数比较

指数领先（滞后）期数	与信贷增速相关系数
指数滞后 4 期	0.3540
指数滞后 3 期	0.3854
指数滞后 2 期	0.4153
指数滞后 1 期	0.4439
当期	0.4956
指数领先 1 期	0.5938
指数领先 2 期	0.6981
指数领先 3 期	0.7681
指数领先 4 期	0.8012
指数领先 5 期	0.7913
指数领先 6 期	0.7372
指数领先 7 期	0.6595
指数领先 8 期	0.5552

数据来源：中央结算公司

3.中债固定利率指数与广义货币供应量

中债固定利率指数对广义货币供应量(M2)增速也存在一定的领先性,领先期为6个月时,两个指标的相关系数达到最大值0.7916。相比前两个指标,货币供应量与中债指数之间的关系更为复杂。首先,M2的变化一般由宏观货币政策调整引起,而宏观货币政策则是根据经济运行状况制定的,因此M2的变化对经济运行情况具有一定的滞后性。另一方面,由于中债指数是市场对于经济状况变化提前反应的结果,所以中债指数理应对M2具有领先性。

同时当期的M2数值大小与债券指数也存在直接的关系。M2的增加会反映在银行存款科目中,使商业银行资金面变得更加宽松,从而增加债券的配置需求,抬高债券价格。整体来看,两个指标应该发生同向变化。

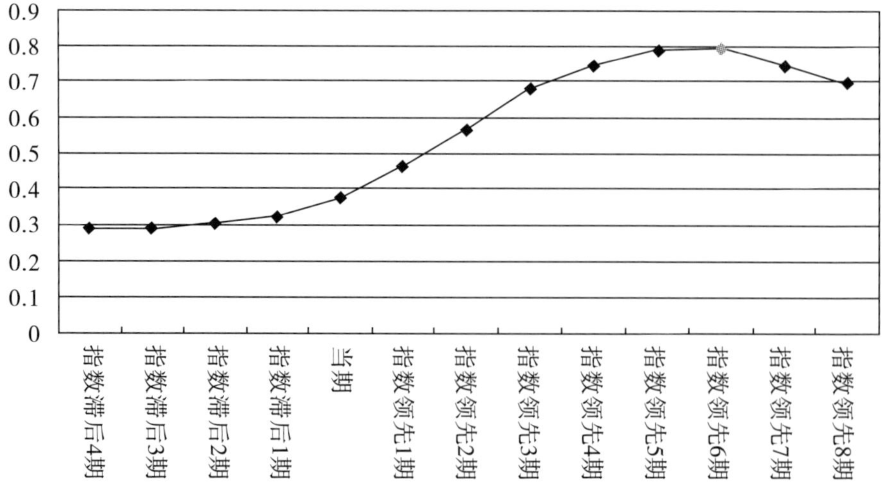

图7 中债固定利率债券指数不同领先期(滞后期)数据与M2增速相关系数比较

指数领先(滞后)期数	与 M2 增速的相关系数
指数滞后 4 期	0.2899
指数滞后 3 期	0.2896
指数滞后 2 期	0.3041
指数滞后 1 期	0.3243
当期	0.3757
指数领先 1 期	0.4624
指数领先 2 期	0.5661
指数领先 3 期	0.6819
指数领先 4 期	0.7452
指数领先 5 期	0.7891
指数领先 6 期	0.7916
指数领先 7 期	0.7475
指数领先 8 期	0.6980

数据来源:中央结算公司

四、研究中债指数与宏观经济指标关系的意义

通过上面的对比分析,我们至少可以得出以下结论:首先,中债指数尤其是中债固定利率指数,与 CPI 等宏观经济变量存在明显的相关关系,而且在经济波动越剧烈的时候这种相关关系越强。同时我们发现,在中债固定利率指数相对于 CPI、信贷增速、广义货币供应量增速等指标的某个领先期,这种相关关系会达到一个极值,也就是说,中债固定利率指数对这些经济指标具有不同程度的领先性。这种领先性来源于债券市场投资者对于后续经济走势的预期以及政策传导的滞后性,因此研究中债指

数的变化情况对于债券市场的多方参与者都具有重要的参考意义。

1.为投资者提供投资参考

正如前面提到的那样,市场上的广大投资者会将自己对于经济的预期通过交易行为反映在债券价格上,进而反映为中债指数的变化,同时投资者也可以反过来根据债券指数的走势,来观察市场上大多数人对于未来经济的看法,并形成对经济走势以及政策取向的大体判断,进而从自身的角度出发制定投资策略。

2.帮助发行人选择发债时机

在债券市场的各个变化阶段,通过综合分析经济基本面的变化,发行人可以选择合适的发债时机,从而更顺利地获得融资和降低融资成本。如果判断未来经济将趋于萧条,发行人在条件允许的情况下,可以选择暂缓发债,等到经济萧条兑现市场利率进一步下跌,同时债券资产受到青睐的时候再发行债券,这样既可以非常顺利地从债券市场获得资金,同时也可以有效降低发行成本。

3.为市场监管者提供政策依据

由于债券指数会先于宏观经济指标进行变动,因此对于债券价格的观察可以让监管部门及时了解经济动向,为决策提供一种新的观察角度和监控标的,甚至可以将中债指数作为预警指标,为政策的制定提供更多参考信息。

参考文献:

1. Ludvigson S, Ng S. Macro Factor in Bond Risk Premia. NBER Working Paper W11703,2005.

2.Brandt M. W. and Wang K. Q. Time-varying Risk Aversion and Unexpected Inflation . Journal of Monetary Economics, 2003(50): 1457-1498.

3.范龙振,张处.中国债券市场债券回报率与宏观经济变量关系的实证分析[J].管理科学学报,2009(12).

4.黄达.金融学[M].北京:中国人民大学出版社,2009.

税收因素对债券定价的影响分析

管圣义

一、问题的由来

前期笔者分析了债券息票效应对债券定价的影响(见管圣义、姚艳娜《息票效应对债券价格的影响》)。在分析中发现,税收因素对债券定价的影响也非常大。债券税收因素同债券的会计因素一样,作为影响债券定价与投资收益的因素之一越来越受到投资者的重视,并左右着机构债券投资的行为。由于免税债券与应税债券所得税税率不同,持有到期与中间买卖所执行的税务处理方式不同,以及会计四分类账户下所得税的税务处理的方式不同,债券投资的实际税后收益也是不同的。因此债券投资的收益不仅仅来自于资本利得和利息收益,税务处理的方式也是影响债券投资收益的重要方面,即免税债券所提供的"税收挡板"作用将使机构投资者获得可观的额外的收益。

税收因素不仅影响投资收益,而且影响着应税债券与免税债券的报价、定价与估值。由于不同券种的税率不同,债券收益率差就不能仅仅用流动性和信用利差来解释,即便是同一券种,期限不同,隐含税率也不同,甚至是同一发行人发行的待偿期相同的同属性的债券,税收因素也会使两者的到期收益率不同。同债券息票的高低因素影响债券定价一样,实证分析表明税收因素也对债券定价产生较大的影响。本文暂不对各种交易方式下债券税务会计处理方式进行探讨,只针对税收因素对债券的定价进行分析。

二、债券产品定价中的税收因素

1.实际成交与报价中税收因素的体现

下表1反映摘取某日债券市场实际成交或报价的债券收益率及价格情况。

表1 相同待偿期的免税债券的成交收益率 2009-10-23

债　券	代　码	待偿期	当日成交	当日成交收益率	票　息	市场价说明
04国债04	040004	1.59	106.9954	1.6808%	4.89%	当日成交
06国债05	060005	1.56	102.0397	1.7500%	2.40%	参考最近成交和报价而得
09国债09	090009	2.58	98.5497	2.4023%	1.55%	当日成交
05国债05	050005	2.59	103.9203	2.3481%	3.37%	当日成交
09国债18	090018	4.79	100.1123	3.0874%	2.97%	当日成交
04国债06	040006	4.8	108.9965	3.0500%	4.86%	参考报价而得

上表显示,当两只待偿期相近的国债成交时,两者的到期收益率完全不同,票息高的债券收益率低,票息低的债券收益率高。不仅如此,在两者的期限相近时,期限越长的国债收益率反而越低,而期限短的收益率反

而高,这与通常待偿期越长收益率越高的正常的收益率曲线的原理是不相称的。

因此,在比较两只待偿期相同的免税债券时,就不能仅仅考虑两者待偿期的不同,还须考虑两者的税后到期收益率,同一待偿期相同的免税债券通常会有不相同的到期收益率。记住这一点很重要,这会让我们在报价时进行合理报价,而不至于出现过低或过高的报价。

2.实际成交收益率低于资金成本的情况

除了上述待偿期相同的债券的收益率表现不同外,我们进一步发现,债券成交收益率低于资金成本的情况。下表 2 列示了某券种不同时间点成交收益率情况。

表 2　国债收益率成交低于资金成本的情况

成交日	简　称	市场全价	收益率	待偿期
2009-6-4	04 国债 08	104.0246	0.7001	0.38
2009-3-30	04 国债 08	104.1665	0.2293	0.56
2009-3-13	04 国债 08	104.0163	0.4504	0.61
2009-3-12	04 国债 08	104.0521	0.3917	0.61
2009-3-10	04 国债 08	103.9866	0.4910	0.61
2009-3-9	04 国债 08	103.9853	0.4910	0.62
2009-3-6	04 国债 08	103.9604	0.5230	0.62
2009-3-5	04 国债 08	103.9799	0.4907	0.63
2009-3-4	04 国债 08	103.9785	0.4907	0.63
2009-3-3	04 国债 08	103.9771	0.4906	0.63
2009-3-2	04 国债 08	103.9594	0.5154	0.64
2009-2-27	04 国债 08	103.9345	0.5462	0.64

续表

成交日	简　称	市场全价	收益率	待偿期
2009-2-26	04 国债 08	103.9538	0.5150	0.65
2009-2-25	04 国债 08	103.9489	0.5201	0.65
2009-2-24	04 国债 08	103.9174	0.5647	0.65

3.实际成交收益率出现负值的情况

如果免税债券的票息再高些的化,则其收益率还可能为负值,表 3 的情况即反映了当年高息票的免税债券的实际收益率成交情况。

表 3　国债收益率成交收益率出现负值的情况

成交日	简　称	市场全价	收益率	待偿期
2006-6-7	96 国债 6	112.2931	-21.5049	0.02
2006-6-5	96 国债 6	111.9009	-2.5698	0.02
2006-6-2	96 国债 6	111.8211	0.243	0.03
2006-6-1	96 国债 6	111.9587	-3.2265	0.04
2006-5-31	96 国债 6	111.8362	-0.1456	0.04
2006-4-29	96 国债 6	112.1191	-2.046	0.13
2006-4-28	96 国债 6	112.0067	-1.225	0.13
2006-4-27	96 国债 6	111.9143	-0.5726	0.13
2006-4-17	96 国债 6	112.0002	-0.9561	0.16
2006-4-14	96 国债 6	111.9529	-0.657	0.17
2006-4-3	96 国债 6	111.4964	1.5167	0.2
2006-3-31	96 国债 6	112.5392	-3.0668	0.21
2006-3-14	96 国债 6	112.3557	-1.8563	0.25

4.情况分析

上述收益率出现的情况表明,在运用现有的收益率计算公式时必须考虑税收因素,才能合理比较和计算债券的合理价值。通常在不考虑税收的情况下，平价发行，每年付息一次的附息固定债的收益率可通过如下公式求解：

$$P = \frac{C}{(1+r)^1} + \frac{C}{(1+r)^2} + \cdots + \frac{C+100}{(1+r)^{10}}$$

但由于税收因素的存在，r不再表示所有投资者恰当的收益率，上式也无法确定有效的税后收益率，对于理性的投资者而言，有效的税后收益率才是应当考虑的。因此债券投资存在着前台收益率、税后收益率的区别。实际上投资者更为关注的是税后收益率值。

5.合理的税后收益率的计算

就利率产品而言，在信用风险一致或相近的情况下，投资者通常用免税债券与应税债券的收益率差异比较来反映两者的税收因素。就应税债券与免税债券而言，若两者信用等级相近或相同（如国债、央票、政策性金融债券等），在暂不考虑两者的流动性差异下，由于两者面临着同样的利率风险和市场风险，则二者的收益率差异主要体现在税收因素的影响上，如下表4：

表4 应税债券与免税债券的收益率差的影响因素

因 素	金融债券	国 债
信用风险	低	无
利率风险	有	有
流动性风险	低	低
税收风险	利息收入征税，存在未来税收变化风险	利息收入免税，存在未来的税收变化的风险
	资本利得全面征税，存在未来税收变化风险	资本利得全面征税，存在未来税收变化风险
其 它	风险权重20%～100%，影响资本充足率	风险权重为0

如果两者的收益率差异仅体现在税收因素的不同上，则比较两者的税收因素如下表5：

表5 国债与政策性金融债的税收

税种与机构		所得税		营业税及附加
		利息收入		资本利得 （差价收入=利息收入+资本利得）
国债	个人	免	免	免
	金融机构	免	征	征
	非金融机构	免	征	征
政策性金融债	个人	免	免	免
	金融机构	征	征	免
	非金融机构	征	征	免

注：根据相关税收法规与政策整理

目前市场上对于免税债券的税收挡板作用的分析主要基于如下三个方法，这三个方法笔者认为均不足之处。分析如下

(1)简单法(公式1)

即只简单考虑两种债券的税收差异，而没有区分期限及利息和资本利得的所得税上的差异

$r_g = r_j * (1 - T)$

r_g 为国债收益率

r_j 为金融债收益率

T 为投资者边际税率

如果只考虑利息税，且债券以平价计算，则应税债券要想比国债更具

吸引力，它所应提供的无风险税前收益率必须大于国债收益率。为了比较免利息税国债和金融债的收益率，可将考虑了税收因素后金融债券的收益率定义为应税等值收益率（此处暂不考虑资金成本因素），则公式1的方法也可以表示为：

$$\text{应税等值收益率}=\frac{\text{国债收益率}}{1-\text{利息税率}}$$

公式1的方法是目前市场上投资者用于简单分析应税债券与免税债券最常用的方法。如果年度溢折价摊销为0，则公式1还可以表示为：

$$r_g = \text{资金成本率} \times (1 - T)$$

公式1的方法的不足之处是：它假定债券是平价购买且无溢折价，实际上多数债券不是按平价购买，无法衡量二级市场实际交易国债的真实税后收益率，更无法衡量零息债券的税后收益率，也没有考虑到期限结构的不同债券的隐含的税后收益率不同的差异。

但该方法却可直观揭示在该投资利率下最大可能接收的资金成本水平，这又是其简单可取之处。

（2）成本扣除法（公式2）

$$(r_j - c - \theta) \times (1 - T) = r_g - c - \theta$$

方法2又比方法1前进了一步，充分考虑了资金成本因素，但仍然没有考虑期限的不同，加之每个机构的资金成本不同，因此很难作为市场通行的公式计算。

（3）考虑国债利息抵扣作用及溢折价摊销（公式3）

由于国债利息免税，因此具有税收上的抵扣作用；另外，会计上债券有溢折价时需要摊销处理;当债券不是平价交易时,则除考虑利息免税因素外,还需要考虑资本利得税的影响。

金融债券所得税:$(r_j - c - \theta) \times T$

国债所得税:$r_g - c - \theta$

国债利息抵扣后:$[(r_g - c - \theta) - r_g] \times T$

r_g 为国债利息率或应计利息

r_j 为金融债收益率

T 为投资者边际税率

c 为平均资金成本

θ 为营业税及附加折算成的年收益率

例如,假设某 4.5 年期国债,净价 104.5,当下应计利息 2 元

$$104.5 + 2 = \frac{4}{(1 + YTM)^{0.5}} + \frac{4}{(1 + YTM)^{1.5}} + \frac{4}{(1 + YTM)^{2.5}} + \frac{4}{(1 + YTM)^{3.5}} + \frac{4}{(1 + YTM)^{4.5}}$$

$YTM = 2.915\%$

将 4.5 元溢价分摊到 4.5 年,平均每年净价价差亏损 1 元,可以少缴所得税 1×0.2=0.2 元(按 20%计),直线摊销公式可简化为:

$$X\% + r\% \times \frac{Y - 100}{N} = 到期收益率 + 税率 \times \frac{净价 - 100}{剩余期限}$$

如果不采取直线摊销公式,则考虑摊销额的现值时,则公式进一步表示为:

$$104.5 + 2 = \frac{4 + 0.2}{(1 + YTM)^{0.5}} + \frac{4 + 0.2}{(1 + YTM)^{1.5}} + \frac{4 + 0.2}{(1 + YTM)^{2.5}} + \frac{4 + 0.2}{(1 + YTM)^{3.5}} + \frac{4 + 0.2}{(1 + YTM)^{4.5}}$$

$$YTM = 3.1325\%$$

上述方法比直线摊销法又递进了一步,但是仍存在不足,不仅未考虑利息的免税因素,而且溢价摊销额的做法采取这样的现金流折现的方法也与实际定价不符。

通里需要说明的是,溢折价摊销只针对长期债券而言,会计上采取的债券溢折价摊销有两种方法,即直线法和实际利率法。前者是将折价或溢价平均分摊在剩余年限(购入日至到期日),在实务中,直线法因其缺陷目前已经很少采用。后者是以期初购入之时的有效利率(市场利率),乘以每期期初债券投资的账面价值,得出当期之利息收入与票面利息之差额,作为摊销基础。实际利率法是目前会计上常用的方法,但这种方法用来计算税后收益率也有不妥之处。

虽然上述三种方法投资者在实际中均有应用,但假定条件不同,自然结果也有差异。合理的分析方法是既考虑到未来现金流折现的特点,又考虑到利息税与资本利得税的因素,并能区分出平价债券与溢折价债券的不同,也即复利分析法。

特别地,因国债利息免税,国债投资税后收益率均高于交易报价收益率,而且不同国债票息高低不同,除息票效应影响收益率外,这些高息票国债的税收因素所带来的“投资额外收益”也非常可观,并影响定价。但是平价发行的国债与溢折价交易的国债的税收挡板作用不同。这里分析如下：

表 6　平价发行的国债税收效应

发行日期	国债	发行期限	发行利率%	国债的税收效应			同时间段金融债券发行参考利率
				复利法	简单法	考虑资金成本法	
2009-7-8	09 国债 14	1 年	1.06	1.33	1.413	0.663	1.54
2009-7-15	09 国债 15	3 年	2.22	2.783	2.960	2.210	2.67
2009-8-5	09 国债 18	5 年	2.97	3.73	3.960	3.210	3.41
2009-8-19	09 国债 01	7 年	3.17	3.986	4.227	3.477	3.679
2009-7-22	09 国债 16	10 年	3.48	4.389	4.640	3.890	3.949
2009-6-10	09 国债 11	15 年	3.69	4.68	4.920	4.170	4.26
2009-8-26	09 国债 20	20 年	4.00	5.098	5.333	4.583	4.67
2009-10-14	09 国债 25	30 年	4.18	5.382	5.573	4.823	

注:资金成本以 1.25%计,所得税率为 25%

由上表 6 可以看出,平价认购的国债的税收效应明显高于同期限的金融债券收益率。但简单法会高估免税债券的免后效应,而考虑了资金成本法的算法则又低估了免税效应。当国债不再以平价进行交易时,税收因素的影响作用将强于平价购买。

针对表 1 的情况,如果计算出税后收益率,则可以很好地比较两者的投资价值(见表 7),如 09 国债 09、05 国债 05 两者虽然前台收益率不同,但两者的税后收益率却相近。而与 06 国债 05 的报价相比,04 国债 04 的税后收益率高,价格低估。

表 7　同样待偿期下国债成交的合理税后收益率

债　券	代　码	待偿期	当日成交	当日成交收益率	税后收益率	票　息	市场价说明
04 国债 04	040004	1.59	106.9954	1.6808%	2.4205%	4.89%	当日成交
06 国债 05	060005	1.56	102.0397	1.7500%	2.3601%	2.40%	参考最近成交和报价而得
09 国债 09	090009	2.58	98.5497	2.4023%	3.0810%	1.55%	当日成交
05 国债 05	050005	2.59	103.9203	2.3481%	3.0850%	3.37%	当日成交
09 国债 18	090018	4.79	100.1123	3.0874%	3.9120%	2.97%	当日成交
04 国债 06	040006	4.8	108.9965	3.0500%	3.9060%	4.86%	参考报价而得

从表 7 可以看出，随着免税债券剩余待偿期延长，则税后收益率与成交收益率点差扩大；同样待偿期下，对于免税债券而言不会有相同的到期收益率。

三、关于隐含税率

二级市场债券报价或成交价中也隐含税率的变化，这种变化在不同的期限券种中表现不同。

美国皮克和威尔斯（Peek and Wilcok）用三个不同的期限 1 年、5 年、10 年，分析了隐含税率的表现，设这三个不同期限的隐含税率分别为 C1、C5、C10，结果显示 C1>C5>C10。而学者则格林（Green，1993）解释了为什么隐含税率分布随着债券期限延长下降。他认为，应税投资者处在免税债务证券与应税债务证券之间的边际位置上的假设下，应税投资者更喜欢持有优于具有相同税前现金流的平价债券的应税债券组合。

笔者实证分析进一步证实了上述两人的结论。就平价债券而言，根据前述探讨，如果理性投资者的边际税率（包括所得税、营业税及教育附加税）与免税债券与应税债券收益率比之和大于1，投资者将投资于免税债券，反之投资于应税债券。

进一步分析，我们会发现，中国债券市场隐含的税率在不同期限上所体现出来的特点与上述美国学者揭示的特点一致（见图1）。

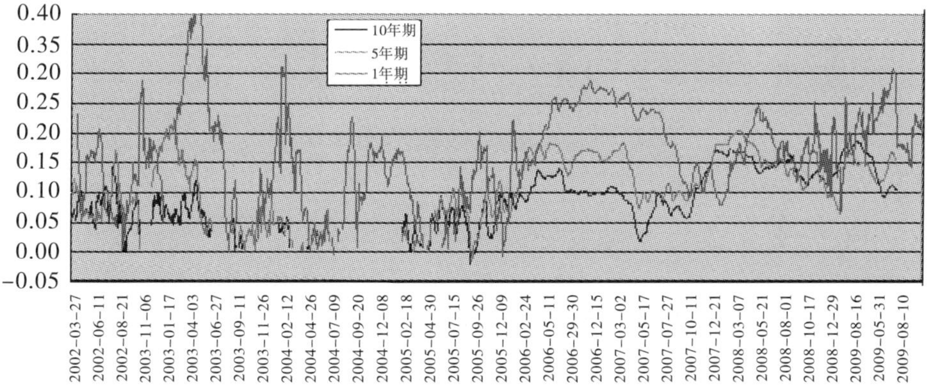

图1　中国债券市场隐含税率

从上图可以看出如下特点：

一是，短期债券的隐含税率高于长债，且呈现如下趋势：在债券价格行情上涨时短债隐含税率趋近于长债隐含税率，而在价格行情下跌时，短债隐含税率又远高于长债。

二是，从过去3年看，1年、3年、5年、10年期政策性金融债券隐含税率均值分别为：18.54%、15.62%、13.77%、12.17%，呈现出期限长与隐含税率值小的反向变动关系。

三是，短期债券的隐含税率高于长期债券；从免税特性看，国债的收益率曲线应更陡峭于金融债收益率曲线。但这际上从过去3年看，这一现象只在2007年、2008年存在过(见图2)。

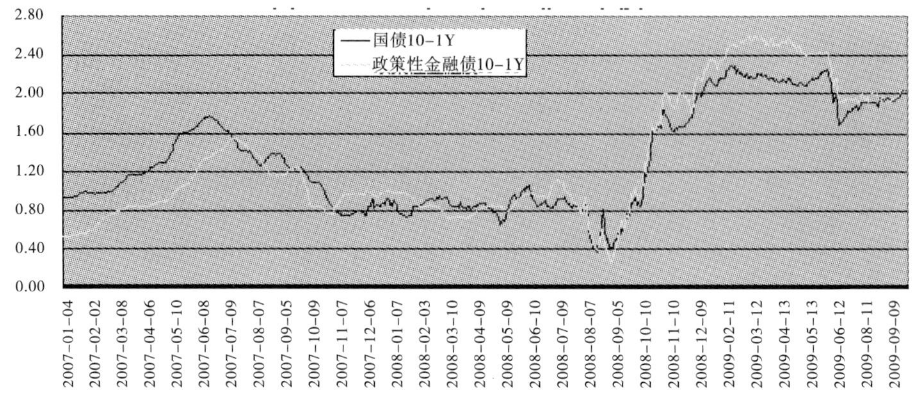

图2 国债与政策性行金融债券陡峭程度

四、结论

1.当待偿期相同时,溢价国债与平价国债报价到期收益率不会相同,前者低,后者高。

2.债券免税的特性,使债券持有人拥有一种选择权:在短期体现损失和在长期取得收益的选择权,以及溢价分期摊销的选择权,这些选择权是有价值的,所以表现在收益率上会自愿买入更低的收益率。

3.隐含税率除随时间波动外,还随到期期限的不同而变化,特点为:期限最长的债券其隐含税率最低,相对金融债而言,中短期国债的收益率通常低于长期债,因此其隐含税率更高。

4.从国债与金融债之间的收益率差异与隐含税率的关系看,国债与金融债之间的收益率差异越大,隐含税率越高,且利率水平越高,则两种债券的收益率差异越大。

上述分析对于债券投资而言十分重要。交易员在进行报价或询价以确定合理的收益率时，以及风控人员在进行合理价值确认时，必须充分考虑税收的影响，并尽可能做到量化分析。债券投资绝不仅仅是一个交易与结算的过程，也是一个会计与税收处理的过程。限于时间因素，本文也没有考虑买断式回购、远期交易等方式下的税收处理对投资的影响。

从另一方面而言，中国的债券市场正处于快速发展阶段，客观上要求会计准则和税收制度能够跟上形势的发展，需要债券投资业与会计界、税务部门等共同进行努力，探讨制定出具有一定前瞻性的合理的会计规则和符合中国实际的债券业务税务准则。总之，债券投资是一门综合的艺术，涉及多方面的业务知识，会计和税收作为重要内容之一，理应引起我们的足够重视。

债券投资组合业绩分析初探

庄 彦

摘 要:国内债券市场的发展和债券投资由粗放型到精细化的转变,催生了债券投资组合归因分析的需求。与股票投资不同,由于债券更为复杂的特征,债券投资组合业绩的归因分析模型更为复杂,需要考虑的因素更广。本文基于Campisi(2000)的经典模型,结合境内债券市场的特征以及投资人行为的分析,提出了新的归因模型。新的归因模型大致可分解为:(1)债券价格变化导致的收益,(2)票息和本金提前偿付导致的收益,以及(3)现金流再投资带来的收益。新模型对于债券价格变化导致的收益提供了更为精确的表示和分解,细化了票息收入,并经本金提前偿付收入纳入了计算的范畴,同时增加了现金流再投资的收益。新的模型可为境内债券投资者提供业绩归因分析的工具,也为未来的研究者提供模型基础。

关键字:债券投资　组合业绩　归因分析

一、概述

(一)债券投资组合业绩分析的背景和意义

随着我国债券市场的发展,近年来债券投资的规模不断扩大,债券投资管理团队的素质不断提升,越来越多的海外成熟投资者也参与到境内债券市场的投资中。在这股浪潮的推动下,国内的债券投资正经历着由粗放型到精细型的转变,其中最重要的特征之一就是投资者以及管理团队对于投资业绩分析的诉求不断深入。在这个时间点,如何分析债券投资组合业绩就成为国内金融市场一个重要且迫切的课题。

在西方发达市场,学界早有关于债券投资组合业绩管理的诸多研究,许多精于债券投资的投行以及提供专业投资分析服务的知名机构如FactSet,StatPro等都研发了自己的模型和分析方法。国内的债券投资起步晚,目前对于债券投资组合业绩分析的文献可谓屈指可数,并且停留在比较初级的阶段,且操作性较弱。国内的一些信息提供商虽开始尝试研发该功能,但大多停留在组合的期限分布、评级分布等统计层面。而国内的基金管理人和投资人大多熟悉股票类投资的归因分析。但债券投资组合的业绩分析不仅与股票类投资组合的分析区别较大,而且更为复杂,原因主要有三。首先,对于股票来说,其发行主体只能为企业,但债券的发行主体除了上市企业,还有非上市的企业(包括一些中小微规模的企业)以及各级政府机构等。其二,常见的债券可以包含提前偿付、赎回权、回售权、票面利率调整等各类附加条款,相对于股票来说,债券更为复杂。其三,对于股票来说,其增值来源于企业自身的盈利或者其所在行业的发展,而债券随着到期日的来临,其价格会有收敛的效应。因此,我们无法简单照搬已有熟悉的股票投资组合归因分析的方法。

目前,我们应首先对西方债券投资组合分析的相关研究进行梳理,并在此基础上找到较好的模型和分析思路,并在此基础上研发适用于国内债券投资组合分析的方法。

(二)债券投资组合业绩分析的研究维度意义

债券投资组合业绩分析大致可分为业绩衡量、业绩归因和业绩评估三个步骤,一般来说最具有难度的是业绩归因。本文将着重于该方面的研究,且遵循“自上而下”的逻辑,层层分解投资组合收益的来源。

本文虽然研究的重点是债券投资组合,但同时说明:对于一般的资产组合的归因分析,第一步首先应从大类资产的角度分析各类资产的选择和配置占比情况。不同的大类资产其风险收益特征具有明显的差异。本文的研究对象为纯债券投资组合或者一般资产组合中的债券部分,并刨除由杠杆带来的收益。

二、债券投资业绩归因分析的相关文献综述

(一)BHB 模型

上世纪 80 年代,Brinson 等人提出了 BHB 模型,他们将投资组合中超越业绩比较基准的超额正收益归因为资产配置效应、证券选择效应以及两者间的交互效应。该模型被奉为投资组合业绩归因分析中的经典模型,在股票组合分析中得到了广泛的应用。但该模型以及后来在该模型基础上发展出来的引申模型在应用于债券投资组合归因中都忽略了债券的重要特征,因此不是债券投资分析中的最佳模型。

（二）FGPV 模型

与 BHB 模型同期，Fong 等人提出了 FGPV 模型。该模型的分析视角从宏观延伸至微观，将投资组合的收益归因为来自于外部货币市场环境带来的利率变化以及组合管理者的管理能力。其中组合管理者的管理能力又被细分为期限管理能力、信用利差管理能力和选债能力。

（三）Kahn 多因素模型

上世纪 90 年代，kahn 提出了多因素的单期限和多期限模型。该模型将债券投资组合的收益归因为 6 个来源：债券到期日的逼近、无风险利率的变化、信用利差的变化、未预期到的现金流、未预期到的信用等级变化以及债券的特定变动。

（四）加权久期模型

VanBreukelen（2000）第一次将久期引入债券组合总回报的计算中，该模型同时考虑了资产配置和证券选择的因素。

（五）Campisi 模型

Campisi（2000）提出的模型将债券组合总回报率分解为票息收入因素和资本利得因素。其中资本利得因素又可以进一步分解为久期和收益率变化。这里的收益率变化包含了无风险利率的变化和利差的变化。Campisi 的模型从资产组合管理的角度出发，对总回报率的分解具有简单易懂的经济含义，并且归因的方法具有较强的实用性。至今，许多文献都对 Campisi（2000）的模型给予了较高的评价。

本文打算在 Campisi（2000）模型的基础上，引入对于提前偿付本金的债券的考虑以及再投资的收益因素，提出一个更为完备的债券投资组合的归因分析模型。

三、归因模型

（一）Campisi（2000）的分析框架

Campisi（2000）将债券组合总回报率的来源拆分为票息收入、无风险利率变化和利差的变化：

$$r_p = \sum_i w_i r_i = r_{\text{票息}} + r_{\text{无风险利率}} + r_{\text{利差}} = \sum_i w_i I_i + D_p * (-?\ y) + \sum_i (-w_i D_i ?\ ys_i)$$

r_p 为组合的总回报率

w_i 为组合中资产 i 的市值权重

r_i 为组合中资产 i 的回报率

$r_{\text{票息}}$ 为组合的票息收入回报率

$r_{\text{无风险利率}}$ 为组合的无风险回报率

$r_{\text{利差}}$ 为组合的利差回报率

I_i 为组合中资产 i 的票面利率

D_i 为组合中资产 i 的修正久期

D_p 为组合的加权平均修正久期

$?\ y$ 为无风险利率的变化值

$?\ ys_i$ 为组合中资产 i 的利差变化值

该分析框架简单直观，但有两个明显的缺陷：

首先，目前境内的企业债中有相当大的比例含本金提前偿付的条款，该分析框架对于组合总回报率的计算忽略了本金提前偿付的影响。

其次，当考虑本金提前偿付的时候，提前偿付的本金和利息再投资的收入将成为总回报率中重要的收益来源，不能忽略不计。

（二）基于中债指数新财富算法框架下的归因模型

1.中债指数财富算法 2

2011 年 4 月中央国债登记结算公司向市场推出了中债-新综合指数，其中财富指数的总回报率采取了新的算法，即算法 2。改算法不仅考虑了本金提前偿付的情况，并且对于支付的本金和利息的再投资进行了较符合实际的假设：投资者将该自然月收到的利息和本金偿还额以活期存款的方式持有直至月末最后一个工作日，再将累计的现金投入指数组合当中。该算法推出至今，受到了广泛投资者的认可。本文对于投资组合总回报率归因分析的研究也将基于该算法。

$$I_T^{TR} = I_{T-1}^{TR} \times \left[\sum_{i=1} \left[\frac{P_{i,F}^F + PIN_{i,T} + INT_{i,T}}{P_{i,T-1}^F} \times \frac{MV_{i,T-1}^F}{\sum_j (MV_{j,T-1}^F + CASH_{j,T-1})} \right. \right.$$

$$\left. + (1 + R_{T-1}) \times \frac{\sum_j CASH_{j,T11}}{\sum_j (MV_{j,T-1}^F + CASHj, T - 1)} \right]$$

新的归因模型

I_T^{TR} 为 T 日该债券指数财富指标

$P_{i,F}^F$ 为债券 i 在 T 日的全价价格

$PIN_{i,T}$ 为债券 i 在 T 日百元面值下的本金偿还额

$INT^{i,T}$ 为债券 i 在 T 日百元面值下的利息支付额

$CASH_{i,T}$ 为该自然月截至 T 日，投资者以活期存款方式持有的累计债券 i 的本金偿还额和利息支付额

$MV^{F}_{i,F-1}$ 为债券 i 在 T 日的全价市值

R_T 为 T 日活期存款日利率

在中债指数财富算法 2 的基础上,我们可以重写该式如下:

(本式中只考虑了收益率曲线水平移动带来的价格变化)

$$I_t = I_{t-1} \times \frac{\sum_i (MV_{i,T} + CASH_{i,T})}{\sum_i (MV_{i,t-1} + CASH_{i,t-1})} = I_{t-1} \times [1 + \sum_i W_{i,t} \times (-Dur_{i,t} \times \triangle y_{i,t}) + \sum_i W_{i,t} \times \frac{C_{i,t} + Pr_{i,t}}{PV_{i,,t-1} + W_{c,t} \times R_{t-1}}]$$

I_t 为 t 日该债券指数财富指标值

$MV_{i,t}$ 为债券 i 在 t 日的全价市值

$Cash_{i,t}$ 为该自然月截至 t 日,投资者以活期存款方式特有的累计债券 i 的本金偿还付额和利息支付额

$W_{i,t}$ 为债券 i 在 t 日在指数中所占的市值权重

$W_{c,t}$ 为 t 日 $CASHD$ 在组合中所占的权重

$Dur_{i,t}$ 为债券 i 在 t 日在麦考林修正久期

$\triangle y_{i,t}$ 为债券 i 在 t 日到期收益率的变化值

$PV_{i,t}$ 为债券 i 在 t 日的全价

R_t 为 t 日活期存款日利率

若 t 日为债券 i 的付息日,则 $C_{i,t}$ 为付息额,否则为 0

若 t 日为债券 i 的本金偿付日,则 $Pr_{i,t}$ 为本金偿付额,否则为 0

这意味着,我们可以把债券投资组合总回报率拆分为:(1)价格变化因素;(2)利息以及提前偿付本金的收入;(3)收到的利息和提前偿付本金在投资于该组合之前的再投资收入。

首先，$\sum_i W_{i,t} \times (-Dur_{i,t} \times ?\ y_{i,t})$ 为价格变化带来的回报率。事实上，这里可以类似 Campisi（2000）将收入变化因素继续分解为无风险利率带来的价格变化以及利差带来的价格变化，即

$$\sum_i W_{i,t} \times (-Dur_{i,t} \times ?\ y_{i,t}) = Dur_{p,t} \times (-?\ y_{n,t}) + \sum_i W_{i,t} \times (-Dur_{i,t} \times ?\ ys_{i,t})$$

这里只考虑了收益率曲线水平移动带来的价格变化。如果考虑收益率曲线非线性的变化，久期指标将不足以衡量。这时，如果希望更精确的衡量价格变化带来的收益或损失，我们还应引入凸性，即价格变化带来的收益可表示为：$\sum_i W_{i,t} \times (-Dur_{i,t} \times ?\ y_{i,t}) + 0.5 \times \sum_i W_{i,t} \times (Cov_{i,t} \times ?\ y_{i,t}^{2})$。我们可以将这部分的收益称为资本利得。当利率变化一定时，久期越长，价格变化收益变化越大。

其次，$\sum_i W_{i,t} \times (C_{i,t} + Pr_{i,t}) / PV_{i,t-1}$ 用于衡量利息及本金提前偿付带来的收入。当含提前偿付的债券在组合中占据一定比例的时候，本金提前偿付带来的收入如果忽略将对业绩归因带来较大的误差。而目前，境内的地方企业债、中央企业债、中期票据和集合票据都有债券包含本金提前偿付的条款。截至 2013 年 9 月中旬，存量地方企业债中包含本金提前偿付条款的券占比达 56.6%，并且这个比例还在继续上升：2012 年以后新法的地方企业债中有 77.3%的券包含提前偿付条款。并且，目前现存的部分券提前偿付的比例较大，据统计有 17 只券的提前偿还本金的条款中规定一次性还款的比例高达 50%。因此，我们在 Campisi（2000）的归因模型的基础上，将原来的利息收入因素替换为利息及本金提前偿付收入因素。注意，与 Campisi（2000）的模型相比，新模型对于利息收入的衡量

也有所不同：我们采用 $\frac{C_{i,t}}{PV_{i,t-1}}$ 替代 I_i 。这是因为：一方面，当 $PV_{i,t-1}$ 不等于债券面值的时候，$\frac{C_{i,t}}{PV_{i,t-1}}$ 不等于 I_i ，且 $\frac{C_{i,t}}{PV_{i,t-1}}$ 用于衡量组合中利息收入带来的收益率的变化更为恰当；另一方面，债券在存续期内，可能存在多个票面利率，使用 I_i 不够准确。当利息和本金提前偿付的收入越高时，久期越短，再投资的风险也越高。

第三，新模型中引入了收到的利息和本金提前偿付额后投资到本组合之前的再投资收益，该部分用 $W_{c,t} \times R_t$ 衡量。投资人在获得现金流后的再投资往往在投资收益中占据重要的地位，如果再投资的期限足够长这部分的收益将非常可观。在中债财富算法 2 中，R_t 为活期存款日利率。也就是说，假设投资者将收到的利息和本金提前偿付额在下月初投资到组合之前置于银行活期存款账户当中。现实中，存在多种投资机会和选择，投资者也可以投资于其他资产，归因模型的使用者可以根据自己的知识和经验判断 R_t 采用何种利率。当再投资的利率 R_t 越高，则总回报率越高。

四、结论

根据对于境内债券市场存量券的特征和发展的判断，以及投资人行为的分析，本文基于 Campisi（2000）的模型为基础提出了新的归因模型。这个模型比经典的 Campisi（2000）模型更符合目前境内市场的特征，也更具备实用性。新模型不仅给出了价格变化收益的更精确表示和分解，同时细化了票息收入，并将本金提前还款的收益纳入考虑，另外，增加了投资者对于获得的现金流再投资收益的探讨。首先,这个新的归因模型可以为希望投资或者已进入中国境内债券市场的投资者提供投资业绩归因分析的参考,投资者可以此评价其业绩或者调整投资策略。其次,该模型可为未来的研究者提供模型基础,进行更多的优化和讨论。

参考文献

[1] Brinson, G., and N. Fachler. 1985. Measuring Non-U.S. Equity Portfolio Performance. Journal of Portfolio Management, Vol.11 (Spring):73-76.

[2] Brinson, G., Hood, R. andBeebower, G. 1986. Determinants of Portfolio Performance. Financial Analyst Journal (July/August):39-44.

[3] Campisi,S. 2000. Primer on Fixed Income Performance Attribution. Journal of Performance Measurement, Vol.4 (Summer): 14-25.

[4] Fong, Gifford, Charles Pearson andOldrich Vasicek, 1983. Bond Performance Analyzing Sources of Return. Journal of Portfolio Management 9: 46-50.

[5] Kahn, Ronald N. 1991. Bond Performance Analysis: A Multifactor Approach. Journal of Portfolio Management 18: 40-47.

[6] VanBreukelen, G. 2000. Fixed Income Attribution. Journal of Performance Measurement, Vol. 4(Summer):61-68.

债券风险类型与债券组合 VaR 在债券市场风控管理中作用的研究

聂宇　徐超

摘　要:近年来,随着我国多层次资本市场体系的建设,利率市场化路线图的制订,商业银行债券业务面临风险管理更加精细化管理的难题,如何进一步改进债券业务的风险管理问题随之而来。本文从各金融机构所面临的各类型风险管理出发,对 VaR 在风险管理中的应用进行了举例。各金融机构应该从本文提出的风险管理面临的类型出发,采用最适合本机构业务需求的相应指标与管理办法,尤其是对于 VaR 的管理,应该充分了解、认识到 VaR 在债券风险防控中的内涵及作用,对 VaR 实施有效的监管和预测。

关键词:债券　风险管理 VaR

一、债券风险管理研究的背景

近年来,随着我国多层次资本市场体系的建设,直接融资比重逐年提高,债券市场发展迅速。其中,信用债券市场发展尤其迅速,发行只数和托管量增速均超过同期利率产品。债券市场高速发展提高了债券资产的整体流动性,并可以通过科学、灵活的管理方式,提高债券资产的盈利能力。因此,债券资产可用于调整商业银行久期错配、资本充足率等核心指标,使得商业银行的资产负债管理更加灵活,与贷款等业务相互补充,可以通过市场运作为银行带来更稳定的利润。

随着商业银行债券业务扩张,如何进一步改进债券业务的风险管理问题随之而来。银监会《关于我国商业银行债券业务发展情况的报告》(以下简称报告)中分析了目前商业银行债券业务风险管理主要问题,并有针对性地提出三个改进风险管理的政策建议:一是建立科学的债券投资决策流程,制定相应的风险管理制度。商业银行应针对债券业务建立完善的政策管理体系、清晰的决策流程、授权机制以及与之配套的风险管理政策手段。二是建立科学、完善的市场准入标准和流程。商业银行应设置明确的投资准入要求,在体现银行风险偏好的基础上科学设置发行主体准入、产品准入及评级准入要求,对于新产品应制定相应的准入规定和完整的审批流程。三是构建完善的债券业务风险管理体系。风险管理体系覆盖信用风险管理、市场风险管理、操作风险管理、流动性风险管理和后续管理。报告提出,应进一步加强对商业银行债券业务的风险分析。重点分析债券市场结构变化、金融市场异动、融资模式结构转变等宏观对债券业务的影响,尽早做好风险提示和预警,未雨绸缪。

二、债券风险类别分析

目前,商业银行和其他金融机构在从事债券业务中面临的主要风险包括:信用风险、市场风险(系统性风险、利率风险、利率曲线变动风险、回购利率风险、选择权风险等)、操作风险与流动性风险。

1.信用风险分析与对应风控指标、管理方法分析

贷款与债券是债务的两种表现形式,也是金融机构信用风险的主要来源。因此,金融机构债券风险管理应适当参考商业银行信贷评估制度,提供更为先进的信用风险识别、管理办法:

①提供债券主体评级、债项评级变化的实时更新、提醒与警告。

②将债券投资与同业、票据投资纳入统一的授信管理体系中。自动扣减、恢复授信额度配置。

③考虑提供信用产品投资比例的弹性控制。例如:控制信用债投资比例不超过当前持仓比例用户设定的百分比。

④针对不同评级的信用产品投资比例控制。

2.操作风险分析与对应风控管理方法分析

部门金融机构在债券资产管理过程中,将大量债券资产放入会计处理相对宽松的可供出售账户,交易行为与投资行为并存,没有严格的区分,随意性较强。另外,在交易过程中,缺乏规范的审批、复核环节,带来了一定的操作风险。

因此,金融机构风控体系应加强内部控制,强化投组与资产类型对应关系,并强化审批流配置、设置的灵活性与可配置性。金融机构应做到:从不同层面、不同角度、不同债券品种设置相应审批流。

3.流动性风险分析与流动性风险管理方法分析

在流动性风险管理方面,应当充分考虑债券市场规模、深度和具体债券的流动性。金融机构需要站在资产负债(ALM)角度去管理机构内所有

的金融资产、负债以及盈余。

因此,债券业务也必须服从于金融机构中台的风控总系统,需要为金融机构资金计划或管理部门实时提供头寸数据、资金融入融出数据、所持资产期限数据等与流动性相关的市场数据。

同时,针对市场流动性风险,债券风控还应该做到对各类债券设置最低发行量比例要求、债券评级上下限管理要求,并对特定债券品种(例如私募债券投资)投资进行总量和比例控制。

针对特定的单只债券,更应该引入如"换手率"、相对流动性或绝对流动性等市场流动性指标,统一纳入金融市场风控模块当中。

4.市场风险分析与对应风控指标、管理方法分析

风险管理系统与控制需要关注如下指标与内容:

计算并管理单只债券的久期与债券投资组合的久期:

久期对于债券资产管理非常重要,作用在于反映目前管理的债券资产对于利率变化的敏感程度。例如:投资组合总额为 1 亿元,久期为 5,则当利率上升 1%,则投资组合价值变化量为:(-5)×1%×1 亿 = -5,000,000元。

计算并管理债券投资组合的凸性:

久期默认债券的价格变化是线性的,但是实现中,债券的价格变化是弹性的,不同的价值区间,对应同一利率变化的价值变化变非线性,因此,为精确地获取所管理的债券资产对于利率变化的敏感程度,有必要引入凸性,凸性是对债券价格曲线弯曲程度的度量,随着债券价格的增大而增加。

例如:某投资组合总额 1 亿元,所计算的久期为 5,凸性为 50,则当利率上升 1%,投资组合的价值变化量为:[(-5)×1%+1/2×50×1%2]×1 亿

= - 4,750,000 元。注意到,与之前仅用久期作为指标的价值变化,加入凸性指标后债券价值变化更加合理、精确。

计算并管理债券投组的久期贡献:

久期贡献用于衡量某一单一债券或某一类型债券投组的总久期所作的贡献,由于债券投资经理需要定期对投资组合的总久期进行调整,或对所持债券的类型进行调整,以调整整个债券投资组合的风险敞口,所以有必要计算久期贡献。

例如:某投资经理针对债券投资组合进行管理,总额 1 亿元,久期为 6,其中企业债 4000 万元,商业银行债 6000 万元,则企业债久期贡献为 $4000/10000\times6=2.4$;商业银行债久期贡献为 $6000/10000\times6=3.6$。当投组再买入一只市值 2000 万,久期 6 的企业债后,企业债久期贡献从 2.4 升高到 $6000/(10000+2000)\times6=3$;商业银行债久期贡献从 3.6 下降到 $6000/(10000+2000)\times6=3$。

计算并管理债券与债券投组的美元久期:

在风控过程中,通过对现有投组的美元久期与附加头寸的美元久期相结合,再与目标久期进行比对,使其相等。这样,利率变化对于价值变动所产生的影响将保持不变。所以,需要计算针对现有投组的美元久期,以及新增债券的美元久期。具体计算方法如下:单只债券美元久期 = 债券久期×0.01×债券市值。债券投资组合美元久期=单只债券美元久期加和。

例如:铁道债券 1280243,4 月 12 日估值全价为:103.07,久期为 7.24,则计算 12 铁道 05 的美元久期为:$7.24\times0.01\times103.07=7.46$。若目前投组久期为 6,价值 1 亿,则买入 12 铁道 05 债券可以将现有久期调整到目标久期 7。具体买入量(x)计算如下:$\frac{x}{x+1}\times7.46+\frac{1}{x+1}\times6=7$,求解 x=

1.08亿，即买入 1.08 亿元的 12 铁道 05 债券可以将管理的投资组合的美元久期从 6 调整到 7。

场景分析(压力测试)：

对市场上可能发生的关键风险指标、要素变化,计算投组资产的变化量。初级的场景分析只需支持利率曲线的变化会带来的债券价值变动的影响,生成相应的数据表。而综合的、全面的场景分析应当能够针对现阶段宏观经济运行情况与未来主要经济指标的潜在变化及其变化值进行预测,包括但不仅限于 GDP 指标、利率变化、CPI、PMI、M2、市场流动性指标等经济指标。通过将指标量化并输入到特定的模型,输出相应的证券持仓(或资产)在各种指标变化时相应的潜在变化量,进而对可能出现的损失进行预估与管理。

压力测试可看作特殊情形之下的场景分析,即:在极端市场条件之下进行的场景分析。其目的在于对最坏的经济或市场情况下,金融机构的金融资产潜在的损失额以及为金融机构所带来的损失与危险。

三、Value at Risk(VaR)与市场风险的管控

VaR 产生的根源在于 20 世纪 90 年代初发生的一系列重大金融灾难,这些事件的共同教训是由于金融风险的监督和管理不力导致巨大的损失。同时也使人们进一步认识到传统的风险管理方法已无法准确定义和度量新形势下的金融风险。1993 年 7 月,G30 集团在研究金融衍生产品的基础上,由 J.P Morgan 公司提出了度量市场风险的 VaR 风险价值方法,并首次对 VaR 进行了详细的介绍。

根据 Jorion(2001)对 VaR 的定义,VaR 是指在正常的市场环境下,在

一定的置信水平（α）和持有期（H）内，衡量某一金融资产或证券组合的最大可能损失。从概率分布的角度来考虑，VaR 是某一金融资产或证券组合预期损失概率分布上的分位数，用式表示：

$$VaR_{\alpha}(L)=inf\{l\in R:\Pr(L>l)\leq 1-\alpha\}=inf\{l\in R:F_{L}(l)\geq\alpha\}$$

随着巴塞尔资本协议的推行，促使了 VaR 与市场风险管控的结合，并使之成为市场的主流风险评价方法。20 世纪 70 年代以来，随着布雷顿森林体系的崩溃，金融管制的放松，利率、汇率波动性明显增强，金融衍生产品市场迅速发展，国际商业银行面临的市场风险不断增大。从国际银行风险监管的发展历程来看，市场风险受到越来越充分的认识和重视。1988 年颁布的《关于统一国际银行资本衡量和资本标准的协议》（International Convergence of Capital Measurement and Capital Standards，以下简称巴塞尔 I）中，仅对资产负债表内和表外业务信用风险提出了资本要求。1996 年颁布的《资本协议市场风险补充规定》（Amendent to the Capital Accord to Incorporate Market Risks，以下简称补充规定）中，针对银行与日俱增的市场风险，提出对应的资本准备金要求，要求将资本要求扩展到了交易账户中与利率有关的各类金融工具及股票所设计的风险以及整个银行的外汇风险和商品风险，并规定了计量各类市场风险的标准计量法和内部模型法（VaR）。1997 年颁布的《利率风险管理与监管原则》，又进一步提出了银行管理交易业务及非交易业务利率风险普遍使用的十一条原则。2004 年颁布的巴塞尔 II 中，在充分肯定 1996 年《补充规定》中关于交易账户市场风险的处理方法的同时，进一步强化了对银行账户利率风险管理的监督检查和信息披露要求，要求商业银行在对交易账户利率风险计提资本的同时，须持有与银行账户承担的利率风险相适应的资本。

同时还指出,风险管理能力有待提高的银行可以继续采用简单易行的标准法,但是鼓励风险管理能力较高的银行采用初级或高级内部评级法。2010 年 6 月,巴塞尔银行监管委员会发布了《关于巴塞尔 II 市场风险框架的调整》(Adjustments to the Basel II market risk framework announced by the Basel Committee),扩大了风险覆盖范围,加强了交易账户的管理。对市场风险的框架做了根本的改革,特别是加强了那些与资本市场活动相关的领域:交易账户、证券化产品、场外衍生工具交易、回购交易等,将交易账户风险的监管提到一个新的高度。随着巴塞尔资本协议的广泛实施,基于 VaR 的市场风险内部计量法也被广大银行所采用,推动了 VaR 模型的广泛应用。

在我国,随着巴塞尔协议的逐步推行,VaR 的使用也越来越广泛。2010 年 2 月,颁布了《商业银行市场风险资本计量内部模型法监管指引》,为商业银行使用内部模型法衡量市场风险提供了指引。并在随后,作为 2012 年颁布的《商业银行资本管理办法》(新资本管理办法)的一部分,得到广泛的推行。

四、债券 VaR 和组合 VaR 的计算方法

由于银行间债券市场交易存在单笔数量大、成交笔数少的特点,对于在银行间债券市场上流动交易的大多数债券来说,获得其连续的每日交易价格变化情况比较困难。因此,债券估值采用的方法也和股票等金融资产存在着一定的差异。目前,多数债券 VaR 都是基于债券到期收益率曲线来计算。下面将以附息式固定利率债券为例,从 VaR 的基本定义出发,具体说明债券 VaR 的计算步骤。

(一)从 VaR 的定义到 VaR 的计算

债券的 VaR 值,反映的是债券价值在一定置信水平下(1%或 5%),未来的最大可能损失。从概率的角度来说,持有该债券,未来只有 1%或 5%的可能性会发生超过 VaR 值的损失。从 VaR 定义出发,计算 VaR 值首先需要对债券未来可能发生的损失进行定义:

债券未来损失 = 债券当前价格 - 债券的未来价值 = 券当前估值 - 债券未来现金流的折现值

考虑附息式固定利率债券,面值为 100,利率为 r%,每年付息一次,存续期为 N 年,到期收益率为 YTM,债券未来价值 P_{CV} 可以表示为,

$$P_{CV} = \frac{100 \times r\%}{(1 + YTM)^1} + \frac{100 \times r\%}{(1 + YTM)^2} + \cdots + \frac{100 \times r\%}{(1 + YTM)^{N-1}} + \frac{100 + 100 \times r\%}{(1 + YTM)^N}$$

简化后得,

$$P_{CV} = 利息的现值 + 本金的现值 = \sum_{i=1}^{N} \frac{100 \times r\%}{(1 + YTM)^i} + \frac{100}{(1 + YTM)^N}$$

给定一定置信水平,定义在发生最大损失的情况下债券的价格为 P'_{cv}。债券当前估值为 P_t,则债券在 t 时刻的 VaR 值为,

$$VaR_t = P_t - P'_{cv} = P_t - \sum_{i=1}^{N} \frac{100 \times r\%}{(1 + YTM)^i} - \frac{100}{(1 + YTM)^N}$$

式中 P_t、r、N 为定值,债券未来价值变动的直接因素是债券到期收益率 YTM 的变化,外部其他因素(如政策信息)对债券价格产生的影响,需要通过 YTM 的变化来传导。因此,在债券 VaR 值计算过程中,核心步骤是估计到期收益率在债券价值发生最大损失时变动值。

（二）到期收益率的取得

中债 VaR 的计算采用历史模拟法（Historical Simulation），使用计算日前 250 天的到期收益率历史数据形成到期收益率变动经验分布，来推定和估计在一定置信水平下的到期收益率在债券价值发生最大损失时的变动值。

在实际利用历史模拟法计算 VaR 值时需要注意的是，到期收益率数据并不能直接采用债券的实际到期收益率，而需要通过收益率曲线来获得到期收益率的历史数据。中债 VaR 值使用的到期收益率历史数据来自 67 条中债收益率曲线，具体步骤如下：

获得 VaR 值计算日当日的待偿期（以年为单位）

$$待偿期=\frac{VaR\text{值计算当年剩余计息天数}}{365}+完整年数+\frac{\text{到期当年计息天数}}{365}$$

其中，VaR 值计算当年剩余计息天数还需要考虑 VaR 值所对应的持有期（通常为 1 天、5 天或 10 天）

VaR 值计算当年剩余计息天数 = VaR 值计算日至年末计息天数 − 持有期

判断债券所在的收益率曲线。判断依据包括：评级、品种、计息方式等

调取 VaR 值计算日前 250 天的每一日，债券所在的收益率曲线（第二步）上指定待偿期（第一步）所对应的到期收益率。共可获得 250 个数据值。

对 250 个到期收益率两两做差，获得 249 个到期收益率变动值，从而得到到期收益率变动的经验分布。

$? \ YTM_i = YTM_i - YTM_{i-1}$

（三）从到期收益率到 VaR

根据债券价值公式，

$$P_{CV} = \sum_{i=1}^{N} \frac{100 \times r\%}{(1 + YTM)^i} + \frac{100}{(1 + YTM)^N}$$

债券价值 P_{CV} 与债券到期收益率呈现反向波动，债券的价值随着到期收益率的增大而减小。债券的未来损失随着到期收益率增大而增大。因此，对于到期收益率变动的经验分布，我们截取 95%分位点作为 95%置信水平下的最大可能损失点，以 13 重汽 MTN1，1382013 为例，如图 1 所示，

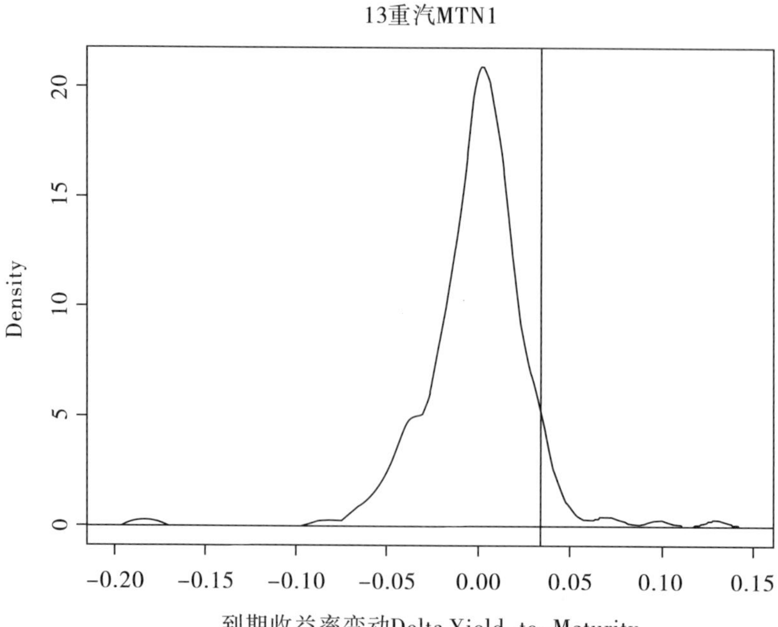

图 1　13 重汽 MTN1 价格变动分布图

竖线处为 95%分位点？ $YTM_{0.95}$ = 0.0345，竖线右侧在分布密度曲线下方的面积占总面积 5%。根据所获得的分位点？ $YTM_{0.95}$ ，可以计算在发生最大可能损失时的到期收益率值 $YTM_{0.95}$ ，定义 VaR 计算日的到期收益率为 YTM_t ， $YTM_{0.95} = YTM_t + ?\ YTM_{0.95}$

采用债券估值模型，可以计算得单券 VaR：

$$VaR_t = P_t - P_{cv}^{'} = P_t - \sum_{i=1}^{N} \frac{100 \times r\%}{(1 + YTM_{0.95})^i} - \frac{100}{(1 + YTM_{0.95})^N}$$

（四）组合 VaR 的计算

前面对债券单券 VaR 的计算进行了推演。但由于 VaR 存在不可加性，衡量一个投资组合的风险时，并不能简单地对投资组合中的债券 VaR 进行相加。组合 VaR 的计算方法和单券 VaR 略有不同，如下所示。

1. 根据组合中每只债券对应的收益率曲线计算其相邻两天的收益率变动值，并计算每个变动值对应的各个债券的价格。

2. 按照债券组合中债券的市值加权计算债券组合的总市值，找到总市值的 1-Sig 的分位数 W_{t+H} 。

3. 由此可以计算得出债券组合在 Sig 置信水平下 S 天后的 VaR 值为 $VaR = W_t - W_{t+H}$ 。

五、基于 VaR 的债券投组市场风险管理策略

目前，VaR 在市场风险管控中的作用主要包括两个方面：一是对当前投组风险的度量；二是对投组交易行为的管控，实现基于 VaR 的限额管理。本文中，模拟 A 银行金融市场部的交易性自营投组，举例说明 VaR 在投组市场风险管控中的作用：

1.发生买入交易时,检查投组 VaR 是否会超过设定的限额,并禁止使投组 VaR 超过限额的交易。

2.逐日盯市,当发生投组 VaR 超过设定限额时,提示交易员对投组进行调整,在五日内将 VaR 恢复至限额水平内。

3.计算投组成分 VaR,为卖出债券提供风险方面的参考。

例如:2013 年 8 月 12 日,A 银行金融市场部购入 50,000,000 元 01 国开 14(010214)、150,000,000 元 01 国债 04(010004)、90,000,000 元 02 国开 05(020205)、10,000,000 元 03 中信债(038018)、40,000,000 元 08 云投债(088051)组成交易性自营投组,各只债券的基本资料如下表(表 1)所示:

表 1　A 银行交易性自营投组债券基本资料

债券代码	债券简称	计息方式	票面利率	付息频率	起息日	到期日
010214	01 国开 14	固息	4.2%	0.5 年	2001-10-20	2021-10-20
010004	01 国债 04	固息	4.69%	0.5 年	2001-06-06	2016-06-06
020205	02 国开 05	固息	2.65%	0.5 年	2002-05-09	2022-05-09
038018	03 中信债(2)	固息	5.1%	0.5 年	2003-12-12	2023-12-12
088051	08 云投债	固息	5.4%	1 年	2008-10-22	2013-10-22

利用第四节中所列的债券 VaR 及债券投组 VaR 计算方法,债券持有期为 1 天,置信度为 99%,得到当前交易性自营投组的各只债券的 VaR 值及投组 VaR 值(表 2)。

表 2　A 银行交易性自营投组 VaR

债券代码	债券名称	中债 VaR	持仓	VaR 值
010214	01 国开 14	0.4162	50,000,000	20,810,000
010004	01 国债 04	0.2752	150,000,000	41,280,000
020205	02 国开 05	0.4029	90,000,000	36,261,000
038018	03 中信债(2)	0.4800	10,000,000	4,800,000
088051	08 云投债	0.0762	40,000,000	3,048,000
投组 VaR				19,490.44

从表中的结果可以看到,将各只债券组合成一个投组后,组合风险小于各只债券的风险之和。当前,在 99%的置信度下,交易性自营投组在 1 天后所面临的最大可能损失为 19,490.44 元。投组的每 100 元面值债券所面临的最大可能损失为 0.00573 元。即得到交易性自营投组所面临的风险。

A 银行金融市场部给交易性自营投组设定了 VaR 限额,额度为 30,000元,则当前投组的 VaR 值在限额之内(19,490.44<30,000),符合当前风险管控的目标。

2013 年 8 月 13 日上午,A 银行金融市场部计划购买面值为 10,000,000元的 09 华润债 02(098079),并归入交易性自营投组。该行利用债券投组 VaR 计算方法试算买入该债券后的投组 VaR,如表 3 所示:

表 3　A 银行交易性自营投组 VaR 试算结果

债券代码	债券名称	中债 VaR	持仓	VaR 值
010214	01 国开 14	0.4162	50,000,000	20,810,000
010004	01 国债 04	0.2752	150,000,000	41,280,000
020205	02 国开 05	0.4029	90,000,000	36,261,000
038018	03 中信债(2)	0.4800	10,000,000	4,800,000
088051	08 云投债	0.0762	40,000,000	3,048,000
098079	09 华润债 02	0.5089	10,000,000	5,089,000
投组 VaR				32,056.73

根据表 3 的计算结果，如果买入 10,000,000 元的 09 华润债 02（098079），交易性自营的投组 VaR 超过了所设定的 VaR 限额（32,056.73 元>30,000 元），该银行金融市场部应当禁止该笔交易的发生。

2013 年 8 月 14 日日终，中债收益率曲线发布，A 银行金融市场部根据最新的中债收益率数据计算交易性自营投组的 VaR 值，如表 4 所示：

表 4　A 银行交易性自营投组 VaR

债券代码	债券名称	中债 VaR	持仓	VaR 值
010214	01 国开 14	0.2969	50,000,000	14,845,000
010004	01 国债 04	0.6109	150,000,000	91,635,000
020205	02 国开 05	0.5576	90,000,000	50,184,000
038018	03 中信债(2)	0.6290	10,000,000	6,290,000
088051	08 云投债	0.0820	40,000,000	3,280,000
投组 VaR				91,354.26

该结果表示，当前该投组的 VaR 值超过了设定的 VaR 限额（91,354.26>30,000），应当给予交易员警示，提示其对投组的持仓情况进行调整，使投组所面临的价格变动风险降低至限额以下。并同时给出投组中各只债券的成分 VaR（每减少 100 元面值该债券，所在投组 VaR 的变化情况），如表 5 所示：

表 5　A 银行交易性自营投组成分 VaR

债券代码	债券名称	持仓	成分 VaR 值
010214	01 国开 14	50,000,000	-0.01
010004	01 国债 04	150,000,000	-0.1
020205	02 国开 05	90,000,000	0.01
038018	03 中信债(2)	10,000,000	0.45
088051	08 云投债	40,000,000	0.04
投组 VaR			91,354.26

表 5 的计算结果表明，交易员应当通过卖出 01 国债 04（010004）或 01 国开 14（010214）减少交易性自营投组所面临的价格变动风险，降低投组 VaR 值。结果还表明，采用卖出 01 国债 04（010004）可以更快地降低投组 VaR 值。

此外，应当说明的是，当投组的 VaR 值超过限额时，并不需要交易员马上将投组 VaR 恢复至限额内。通常，会给予一定的时间区间（例如，3 天）。以本文中的投组为例，A 银行金融市场部并未在当天对投组进行调整。在 8 月 15 日日终（即，第三天），投组 VaR 仍未恢复至限额以下。该行金融市场部应当考虑在 8 月 16 日对交易性自营投组的持仓进行调整。

六、结论

近年来，随着我国多层次资本市场体系的建设，利率市场化路线图的制订，商业银行债券业务面临风险管理更加精细化管理的难题，如何进一步改进债券业务的风险管理问题随之而来。而随着我国对巴塞尔协议 III 与新资本管理办法的推进。银监会对于金融机会风险管理水平与能力的要求日趋严格。

在此背景下，各金融机构应该从本文提出的风险管理面临的类型出发，采用最适合本机构业务需求的相应指标与管理办法，尤其是对于 Var 的管理，应该充分了解、认识到 Var 在债券风险防控中的内涵及作用，对 Var 实施有效的监管和预测。

在此基础之上，完善各机构的债券风险管理功能、提高风险管理水平与能力，做到有的放矢，而不是一味地盲目追求风险控制报告、文件、规章制度的简单堆积。只有这样，才能真正提高金融机构自身的风控水平与盈利效率，达到风险与回报最优化的平衡点。